ULLSTEIN

Die Autorin

Doreen Virtue ist eine hellsichtig begabte Psychotherapeutin, die mit den Ebenen der Engel und der Feen arbeitet und andere Menschen lehrt, Engel und Feen zu erkennen, zu hören, zu sehen und zu fühlen. Sie ist in den USA u. a. durch viele Fernsehauftritte bekannt und gibt regelmäßig Workshops, auch in Europa, in denen sie die von ihr entwickelte Engel-Therapie unterrichtet. Ihre zahlreichen Lebenshilfe-Bücher sind bereits in 14 Sprachen erschienen. Weitere Informationen über Seminare, Bücher und Kassetten finden Sie auf ihrer Website unter:
www.AngelTherapy.com.

Von Doreen Virtue sind in unserem Hause erschienen:

Das Heilgeheimnis der Engel
Engel-Gespräche
Die Heilkraft der Engel
Das Heilorakel der Engel (Karten-Set)
Die Heilkraft der Feen
Neue Engel-Gespräche
Engel der Erde
Dein Leben im Licht

Hinweis

Die Autorin dieses Buches gibt weder medizinische Ratschläge noch empfiehlt sie den Gebrauch irgendwelcher Techniken zur Behandlung physischer oder psychischer Probleme. Ihre Absicht ist lediglich, generelle Informationen zur Verfügung zu stellen, um Sie bei Ihrer Suche nach emotionalem und geistigem Wohlbefinden zu unterstützen. Jede Anwendung dieser Informationen geschieht auf eigene Verantwortung, weder die Autorin noch der Verlag übernehmen eine Haftung.

Doreen Virtue

Engel der Erde

Die geistigen Helfer unseres Planeten

Aus dem Amerikanischen
von Angelika Hansen

Ullstein

Besuchen Sie uns im Internet:
www.ullstein-taschenbuch.de

Ullstein Esoterik
Herausgegeben von Michael Görden

Aus dem Amerikanischen von Angelika Hansen
Titel der Originalausgabe
EARTH ANGELS
Erschienen bei Hay House, Inc. Carlsbad, CA

Umwelthinweis:
Dieses Buch wurde auf chlor- und säurefreiem Papier gedruckt.

Deutsche Erstausgabe im Ullstein Taschenbuch
Ullstein Buchverlage GmbH
1.Auflage Dezember 2004

Umschlaggestaltung: FranklDesign, München
Titelabbildung: Shirley Ann
Gesetzt aus der Palatino bei Pinkuin Satz und Datentechnik, Berlin
Druck und Bindearbeiten: Ebner & Spiegel, Ulm
Printed in Germany
ISBN 3-548-74146-0

Inhalt

Ein freundlicher Hinweis für den Leser

Dies ist weder eines der üblichen Bücher über Engelsgeschichten noch über Engel im althergebrachten Sinn des Wortes. Während die Menschen Erden-Engel normalerweise als Wesen betrachten, die nur Gutes tun, nimmt dieses Buch den Begriff wörtlich, wie Sie bald sehen werden. Das Material in diesem Buch mag diejenigen unter Ihnen, die an die allgemein vorherrschende Sichtweise bezüglich Engeln gewöhnt sind, überraschen oder sogar schockieren.

Einige unter Ihnen mögen die Intention des vorliegenden Werkes missverstehen und denken, dass ich die Idee der Unterteilung und Trennung in Gruppen unterstütze. Jedoch ist die Information, die ich hier präsentiere, lediglich eine Beschreibung der persönlichkeitsbezogenen, verhaltensorientierten und physischen Eigenschaften von Engeln, ähnlich der Art von Information, die man in Astrologiebüchern findet. Den Erden-Engeln unter Ihnen werden die Ideen in diesem Buch vertraut erscheinen; es mag jedoch andere Leser geben, die das hierin enthaltene Material falsch verstehen oder sich sogar daran stören.

Meine Absicht ist es, zu helfen und zu heilen, doch zuweilen führen diesbezügliche Handlungen zu Kontroversen.

* * *

Alle in diesem Buch enthaltenen Geschichten sind wahr, und alle Personen, deren Berichte hier wiedergegeben sind, haben mir eine schriftliche Genehmigung für die Veröffentlichung ihrer Geschichte erteilt. Die Namen in diesem Buch sind die wahren Namen der Betreffenden, mit Ausnahme von drei Personen, die um ein Pseudonym gebeten haben, und zwei Personen, die es vorzogen, dass nur ihre Initialen preisgegeben werden. Ich bin allen Betreffenden sehr dankbar, dass sie sich bereit erklärt haben, ihre Geschichten zu erzählen und uns mit ihren Erfahrungen zu bereichern.

Erstes Kapitel

Sind Sie ein Erden-Engel?

Haben Sie das Gefühl, dass Sie anders sind als andere Menschen, so als seien Sie auf diesem Planeten ausgesetzt worden und wundern sich, wann jemand kommen wird, um Sie zurück nach Hause zu holen? Wenn die Antwort »Ja« lautet, ist es nicht ausgeschlossen, dass Sie ein Erden-Engel sind. Wenn Sie ein leidenschaftliches Interesse und ein Talent haben für Heilung oder dafür, andere Menschen zu unterrichten oder ihnen zu helfen, jedoch selbst unter Suchtproblemen, Gewichtsstörungen, Beziehungsschwierigkeiten und Ähnlichem leiden, sind Sie möglicherweise ein Erden-Engel. Falls Sie extrem sensitiv sind und Ihnen Gewalt in jeder Form ein Gräuel ist, dann sind Sie aller Wahrscheinlichkeit nach wirklich ein Erden-Engel!

Ein Erden-Engel ist eine Seele, die ihren Ursprung nicht auf der Erde hat. Obwohl alle Seelen derselben göttlichen Quelle entspringen, formen unsere Umwelt und individuelle Geschichte unsere Persönlichkeiten und physischen Eigenschaften. Zum Beispiel sehen Menschen, die die meiste Zeit damit verbringen, an tropischen Stränden zu surfen, anders aus und geben sich anders als Menschen, die jeden Tag von neun bis fünf in ihren innerstädtischen Büros gefangen sind.

In ähnlicher Weise haben alle Leben, die Sie bereits gelebt haben, Auswirkungen bei Ihnen hinterlassen. Und genauso wie Ihre physische Ursprungsfamilie Sie beeinflusst, wirkt sich auch die Ursprungsfamilie Ihrer Seele auf Ihr Aussehen, Verhalten und sogar auf Ihre Lebensaufgabe aus. Um es noch einmal zu betonen: Das *Innere* eines jeden Menschen ist dasselbe – ein herrlicher, reiner Funken des göttlichen Lichtes. Als Lichtarbeiter mag sich *Ihr* Funken des Lichts jedoch eine Zeit lang in himmlischen Regionen fern von der Erde aufgehalten haben. Jene Lebenszeiten, die Sie in diesen himmlischen Regionen, dem Elementar-Königreich oder auf anderen Planeten verbracht haben, wirken sich auf die Person aus, die Sie heute sind. Obgleich Sie einen menschlichen Körper bewohnen, fühlt sich Ihre Seele wie ein Reisender in einem fremden, unbekannten Land – und genau das ist es, was Sie in Ihrem innersten Wesen sind.

Es versteht sich von selbst, dass nicht jeder Mensch ein Erden-Engel ist – für diese Rolle hat Gott die strahlendsten und hellsten Funken des Lichts gerufen, damit sie helfen, den Übergang in das neue Zeitalter des Friedens zu ermöglichen. Die Menschen, die keine Erden-Engel sind, leben ausschließlich für ihr eigenes Wachstum oder um sich eine Ruhepause zu gönnen bzw. um sich zu vergnügen. Sie können dumpf oder ausgesprochen unspirituell erscheinen, sind jedoch ebenso göttliche Funken des Lichts. Der Unterschied besteht darin, dass ihr Leben einfach nur menschlichen Erdenangelegenheiten gewidmet ist.

Die lebenswichtige Mission der Erden-Engel

Falls Sie zu den Erden-Engeln gehören, sind Sie ein machtvoller Lichtarbeiter mit einem Vermächtnis erfolgreicher Heilungen und Wunder, die Sie aus anderen Lebenszeiten mitbringen und die Sie auch in Zukunft ausüben werden. Sie haben den göttlichen Auftrag angenommen, auf die Erde zu kommen und Ihre Lehren und heilenden Energien zu verbreiten. Wie ist Ihr Auftrag bisher verlaufen? Falls Sie Schwierigkeiten gehabt haben, sich dem Erdenleben anzupassen, dann werden Sie wahrscheinlich Antworten, Trost und Führung finden, indem Sie sich an Ihren spirituellen Ursprung erinnern.

Unter Umständen werden Sie entdecken, dass Sie ein Inkarnierter Engel oder ein Inkarnierter Elementargeist sind; ein Sternen-Mensch, dessen vergangene Inkarnationen außerirdisch waren; ein Walk-In; oder ein Weiser/eine Weise, wie zum Beispiel eine reinkarnierte Zauberin, Hohepriesterin oder ein Hexenmeister. Sie sind ein erfahrener Dienstleistender, der zum Einsatz abgerufen wurde – ein Erden-Engel. Vielleicht hatten Sie bereits Inkarnationen auf der Erde als Inkarnierter Engel, Elementargeist und so fort, doch haben Sie diese Lebenszeiten vergessen und glauben, dass Sie in diesen vergangenen Inkarnationen ein Mensch gewesen sind.

Die Bezeichnung *Erden-Engel* darf nicht mit *Inkarnierten Engeln* verwechselt werden, einer der fünf Gruppen von Erden-Engeln. Indem Sie etwas über Ihre spirituelle Ursprungsdimension lernen, werden Sie auch Ihre eigene Persönlichkeit, Ihr Verhalten und Ihre individuellen Eigenheiten besser verstehen. Wie ich bereits erwähnt habe, besteht hier eine Ähnlichkeit zu der Art und Weise, wie unsere astrologischen Sonnenzeichen uns in sinnvolle Kategorien unterteilen.

Meine frühe Arbeit mit Erden-Engeln

Die ersten Informationen über Erden-Engel wurden mir durch meine Privatpraxis zuteil, wo ich Engel-, Medium- und hellseherische Readings gab. Meine Klienten waren in der Regel Lichtarbeiter, die hinsichtlich der Erfüllung ihrer Lebensaufgabe zögerten und sie immer wieder aufschoben.

Ich werde nie den ersten Erden-Engel vergessen, den ich während einer Session identifizierte. Als ich meinen Blick über ihre Schultern gleiten ließ und ihre Aura und ihren geistigen Führer betrachtete, sah ich vor meinem inneren Auge einen langen Stab, der wie eine riesige Arterie aus ihrer linken Schulter nach oben ragte. Als ich hinaufschaute, um zu sehen, wo der Stab festgemacht war, verschlug es mir den

Atem! Ich hatte vorher nie das geringste Interesse an Ufos oder irgendwelchen außerirdischen Dingen gehabt – im Gegenteil, dieser ganze Themenkreis flößte mir Angst ein. Ich zögerte, dieser Frau zu sagen, was ich sah, doch hatte ich gelernt, meinen Visionen zu vertrauen und sie meinen Klienten wörtlich so weiterzugeben, wie ich sie empfangen hatte. Was mich zu der Erkenntnis brachte, dass die Visionen in der Regel selbst dann, wenn ich sie nicht verstand, für meine Klienten verständlich waren.

Also nahm ich einen tiefen Atemzug und sprudelte heraus: »Ich sehe so etwas wie ein Raumschiff, das über Ihnen schwebt.«

»O ja«, antwortete meine Klientin ungerührt. »Das ist schon mein ganzes Leben lang bei mir gewesen.« Das verschlug mir völlig die Sprache. Ich hörte ihr jedoch unvoreingenommen zu, während sie erklärte, dass das Raumschiff ihr stets gegenwärtiger Führer und Beschützer war, der über sie wachte und ihr im Bedarfsfalle Informationen zukommen ließ. Sie berichtete, dass sie das Schiff während nächtlicher Traumreisen besucht hatte.

Bald nach diesem Ereignis kamen mehrere andere Klienten mit derselben außerirdischen Verbindung in meine Praxis. Mir sind schon seit jeher immer wieder Persönlichkeits- und Verhaltensmuster bei Menschen aufgefallen, und so stellte ich bald fest, dass meinen »Sternen-Klienten« ähnliche Aurafarben, Gesichtszüge, Beziehungsmuster und Lebensaufgaben gemeinsam waren.

Ein Großteil der esoterischen Information, die ich empfange, wird mir von meinen eigenen geistigen Führern und Engeln übermittelt, die mir im Schlaf, während Readings oder in der Meditation Botschaften zukommen lassen. Auf diese verschiedenen Weisen erfuhr ich von den anderen Seelengruppen-Inkarnationen, nach denen ich in meinen Klienten und Seminarteilnehmern Ausschau halten sollte.

Zuerst beschäftigte ich mich mit den *Inkarnierten Engeln*. Diese Männer und Frauen haben engelsgleiche Gesichter, einen schweren Körperbau, oftmals Beziehungen mit Alkoholikern oder Drogensüchtigen und sind professionelle Helfer. Laurie ist ein typischer Inkarnierter Engel. Sie ist eine liebreizende und attraktive Blondine mit einer üppigen, kurvenreichen Figur und einem herzförmigen Gesicht. Nach jahrelangen vergeblichen Versuchen, ihrem alkoholsüchtigen Ehemann zu helfen, seine Trunksucht loszuwerden, traf Laurie schließlich die schmerzhafte Entscheidung, sich von ihm scheiden zu lassen. Jetzt sucht sie nach einer Möglichkeit, ihre natürlichen Heilfähigkeiten in einer privaten Praxis als Heilerin anzuwenden.

Als Nächstes fiel mir eine Gruppe auf, die *Inkarnierte Elementargeister* genannt wird. Jayne ist ein Paradebeispiel für diesen Clan. Mit ihrem roten, zu einem lustigen kurzen Pferdeschwanz zusammengebundenen Haarschopf und einem dünnen, schlaksigen Körper sieht Jayne aus wie jemand, der grüne

Elfenschuhe mit nach oben gebogenen Spitzen trägt, an denen Glöckchen befestigt sind. Von Beruf ist sie Hundepflegerin und zudem eine engagierte Tierschutz-Advokatin, die ihre Verlobung löste, weil ihr Verlobter aus der kleinen Stadt in den Bergen wegziehen wollte, in der sie aufgewachsen war.

»Er hatte vor, in die Stadt zu ziehen«, erklärte Jayne. »Ich würde vertrocknen und sterben, wenn ich nicht in der Nähe der Natur leben könnte – vor allem wenn ich in eine große Stadt ziehen müsste, wo es praktisch keine Bäume gibt.«

Die nächste Gruppe, die ich näher betrachtete, waren die *Walk-Ins*. Ich hatte in Ruth Montgomerys Büchern über Walk-Ins gelesen, doch nicht weiter über dieses Thema nachgedacht, bis ich begann, auf diese Gruppe von Erden-Engeln aufmerksam zu werden. Ein Walk-In ist normalerweile eine hoch entwickelte Seele, die beschlossen hat, die übliche Route des Geborenwerdens und Heranwachsens zu einem Erwachsenen zu umgehen. Stattdessen verhandelt die Seele mit einem Menschen, der unglücklich über sein Leben auf der Erde ist und ernsthaft darüber nachdenkt, Selbstmord zu begehen. Durch eine langwierige Prozedur, die ich im sechsten Kapitel näher beschreibe, tauschen die beiden Seelen die Plätze.

Shanti war der erste Mensch, von dem ich mir ziemlich sicher war, dass es sich bei ihr um einen Walk-In handelte. Sie erinnerte sich nicht an den Seelenaustausch, in dessen Verlauf ihre alte Seele »hinausging« und ihre neue Seele »hereinkam«; alles, woran sie sich erinnert, ist, dass sie nach einem Autounfall in einem Krankenhaus aufgewacht ist. Nachdem sie sich körperlich von den Folgen des Unfalls erholt hatte, bemerkten ihre Familienmitglieder und Freunde immer wieder: »Du bist heute so anders als früher!« Shanti hatte das Gefühl, als befände sie sich im falschen Film. Nichts schien zu stimmen – weder ihr Job noch ihre Freunde oder ihr Zuhause. Selbst ihr Name, der damals Robin lautete, schien völlig falsch zu sein und nicht zu ihr zu gehören. Im Laufe des darauffolgenden Jahres änderte sie ihren Vornamen, kündigte ihren Job und zog nach New Mexico. Ihre Familie versteht es noch immer nicht, doch heute hat Shanti das Gefühl, dass ihr Leben einen Sinn macht.

Viele Jahre lang bin ich von der Annahme ausgegangen, dass diese vier Kategorien die einzigen Dimensionen waren, aus denen die Erden-Engel kamen: Inkarnierte Engel, Elementargeister, Sternen-Menschen und Walk-Ins. Wann immer ich mit meinen Schülern, die bei mir spirituelle Beratung lernten, über diese Kategorien sprach, stellten ca. 80 Prozent von ihnen bei sich eine Affinität mit einer der vier Gruppen fest. Ich forderte meine Schüler sogar auf, sich in Gruppen mit ihren Clan-Mitgliedern zu organisieren. Dann sah ich sie, wie sie gemeinsam weinten und lachten und ausriefen: »Wirklich? Du auch? Bei mir ist es ganz genauso!«, während sie einander Geschichten über das Leben auf der Erde aus der Perspektive ihrer Dimension erzählten.

Doch es gab immer einige Schüler, die sich zu keiner der vier Gruppen zugehörig fühlten. »Und was ist mit uns einfachen Menschen?«, fragten sie.

Mein Sohn Grant fand schließlich die Antwort darauf. Er nahm an meinem *Engel-Therapie*-Certification-Kurs in Miami teil und hielt einen kurzen Vortrag über die Verwendung von Kerzen in Ritualen und Anrufungen. Grant hatte seit einiger Zeit die Wicca-Spiritualität studiert und einen großen Wissensschatz angesammelt, an dem er die anderen Seminaristen teilhaben lassen wollte. Am Ende seines Vortrages wandte er sich dem Publikum zu und sagte: »Ich weiß, welches die fünfte Kategorie der inkarnierten Lichtarbeiter ist … und zwar weiß ich es, weil ich selbst zu dieser Kategorie gehöre. Das sind diejenigen unter uns, die als reinkarnierte Hexenmeister, Hohepriesterinnen, Hexen, Zauberer und Zauberinnen auf die Erde gekommen sind.«

Ein kollektives Aufatmen kam aus dem Publikum, gefolgt von Ausrufen wie: »Ja! Das leuchtet mir total ein!« und: »Genau das ist es, was ich bin!« Grants Behauptung schien der Wahrheit zu entsprechen und machte einen gewaltigen Eindruck auf die anderen Seminarteilnehmer.

Seit jenem Tag habe ich viele Menschen aus dieser Gruppe interviewt und mich mit ihnen beschäftigt, die ich heute die *Weisen* nenne. Wann immer ich einen Vortrag über dieses Thema halte oder darüber schreibe, bekomme ich die Bestätigung, dass diese mächtige Gruppe von Lichtarbeitern zu dieser Kategorie gehört.

Phyllis, die ich vor einiger Zeit kennen gelernt und interviewt habe, ist ein typisches Mitglied dieser Gruppe. Sie hat ein ovales Gesicht und große Augen, deren in weite Ferne gerichteter Blick auf einen Menschen schließen lässt, der jenseits des physischen Universums sieht. Sie trägt ihre Haare lang und sie zeichnet sich durch eine elegante, beinahe königliche Haltung aus. Als Phyllis die Filme *Die Nebel von Avalon, Der Herr der Ringe* und *Harry Potter und der Stein der Weisen* sah, fühlte sie sich sofort zu den uralten, magischen Fertigkeiten hingezogen, die sie selbst einmal besessen hat. Darüber hinaus weiß Phyllis, dass sie in einem früheren Leben als Hexe auf dem Scheiterhaufen verbrannt wurde.

Die heilenden Auswirkungen dieses Wissens

Als ich begann, öffentlich über dieses Konzept zu sprechen, wurde mir schnell klar, dass ich es riskierte, missverstanden zu werden; aus diesem Grund limitierte ich meine Diskussionen über dieses Thema auf meinen sechstägigen Zertifikations-Kurs, da die Teilnehmer an diesen Kursen besonders aufgeschlossen und unvoreingenommen sind. Doch selbst dann wartete ich bis zum letzten Tag unseres Kurses, bevor ich über Inkarnierte Engel, Elementargeister, Walk-Ins, die Weisen und Sternen-Menschen sprach.

Und jedes Mal wenn dieses Thema zu Wort kam, zeigten sich die Kursteilnehmer ungeheuer erleichtert, und oft traten sofortige Heilungen ein. Nachfolgend lesen Sie, wie einige der von mir für dieses Buch befragten Erden-Engel ihre Reaktion auf die Erkenntnis ihrer spirituellen Herkunft beschrieben haben:

* »Seit ich es weiß, fühle ich mich ungeheuer erleichtert. Ich fühle mich nicht mehr so komisch und empfinde endlich ein Gefühl der Zugehörigkeit.«

* »Es hilft mir, zu wissen, dass ich nicht der einzige Mensch bin, der so fühlt.«

* »Ich habe schon immer gewusst, dass ich anders war, und jetzt gibt es eine einleuchtende Erklärung dafür.«

* »Endlich ist mir klar geworden, warum ich anderen Menschen immer um jeden Preis helfen musste. Früher habe ich nie gewusst, warum ich diesen ausgeprägten Drang zum Helfen hatte.«

Dieser heilende Effekt, zusammen mit dem Drängen meiner eigenen geistigen Führung und weiteren Informationen, die mir gegeben wurden, ermutigten mich, dieses Phänomen noch gründlicher zu untersuchen.

Ich hatte schon mehrere Male begonnen, das vorliegende Buch zu schreiben, doch schien der Moment nie hundertprozentig richtig zu sein, um offen über dieses Thema zu sprechen – doch jetzt ist der richtige Moment gekommen! Ich erwähnte dieses Thema bereits in meinem Buch *Die Heilkraft der Engel* in einem Kapitel mit der Überschrift »Inkarnierte Engel,

Elementargeister, Sternen-Menschen und Walk-Ins«. Außerdem schrieb ich einen Artikel zu diesem Thema, der sowohl in mehreren metaphysischen Publikationen als auch auf meiner Website **angeltherapy.com** veröffentlicht wurde. Das Kapitel in meinem o. g. Buch und der Artikel erregten große Aufmerksamkeit, und bei jedem Vortrag wollten die Zuhörer mehr Details darüber hören bzw. baten mich, ihnen zu sagen, zu welchem Bereich von Erden-Engeln sie gehörten.

Bronny Daniels, meine geschäftsführende Assistentin, identifizierte sich selbst beim ersten Mal, als ich die Kategorien beschrieb, als Sternen-Mensch. (Bronny ist, wie viele andere Sternen-Menschen, Reiki-Meisterin.) Sie empfand sofort eine besondere Affinität mit den Plejaden (ein Sternhaufen in der nördlichen Hemisphäre) und sagte mir, dass sie schon zweimal spontan die Sprache der Plejaden gechannelt hatte.

Unmittelbar nach den schrecklichen Ereignissen des 9. September 2001 empfing ich eine himmlische Botschaft, in der es hieß, dass Wesen aus hohen Galaxien über unseren Planeten wachten und ein persönliches Interesse daran hatten, dafür zu sorgen, dass die Erde nicht zerstört wird. Wenn wir uns selbst in einer nuklearen Explosion auslöschen würden, wären die negativen Folgen im ganzen Universum zu spüren. Außerdem erhielt ich die Information, dass diese Wesen uns lieben und wie Schutzengel über uns wachen. Anders als die kriegshetzerischen Visionen über Außerirdische, wie sie in vielen Büchern und Filmen dargestellt werden, handelte es sich bei diesen hohen geistigen Wesen um liebevolle und mitfühlende Freunde.

Ich bat Bronny, Inkarnierte Sternen-Menschen überall auf der Welt zu kontaktieren und sie zu bitten, sich mit ihren außerirdischen Verwandten zusammenzutun. Das war der Beginn der Sternen-Menschen-Gruppe, die sich durch das Internet fanden. Bronny berichtete, dass die Mitglieder ein starkes Gefühl des »endlich Nachhausekommens« empfanden. Gleichzeitig erhielt ich Unmengen von Briefen mit der Bitte um zusätzliche Informationen zu dem Thema der fünf Herkunfts-Bereiche, und in meinen Seminaren rief dieses Thema zunehmendes Interesse hervor. Bronny legte mir darüber hinaus dringend ans Herz, dieses Buch zu schreiben, und ihre Bitte motivierte mich schließlich, es tatsächlich zu tun, da es sich anfühlte, als sei endlich der richtige Moment dafür gekommen.

Ich schrieb ein Proposal für dieses Buch, das ich meinem Verlag, Hay House, vorlegte und wo man mir sagte: »Wir werden in einer unserer nächsten Konferenzen darüber sprechen.« Ich begann mich zu fragen, ob dieses Thema für Hay House vielleicht zu weit hergeholt und unrealistisch war, als dass sie ein solches Buch überhaupt in Erwägung ziehen würden. Bronny und ihre Sternen-Gruppe beteten, dass der Verlag einverstanden sein würde, *Engel der Erde* herauszubringen. Und, wie Sie deutlich sehen können, indem Sie dieses Buch in Ihren Händen halten – es hat geklappt!

Unser nächster Schritt bestand darin, mit Personen zu reden, die sich mit dem Thema der verschiedenen Erden-Engel-Inkarnationen in Beziehung setzen konnten. Als Erstes befragte ich die Abonnenten meines monatlichen Rundschreibens sowie Bronnys Gruppe von Sternen-Menschen und die Absolventen meines *Engel-Theraphie-Practitioner-and-Certified-Spiritual-Counselor-Programs.* Ich ging davon aus, dass ich vielleicht ein Dutzend komplett ausgefüllte Fragebogen zurückbekommen würde. Wie groß war jedoch meine Überraschung, als ich feststellte, dass der Fragebogen auf dem Internet kursierte und ich als Folge Hunderte von Antworten erhielt!

Eigenschaften der Erden-Engel

Es gibt Eigenschaften, die allen Erden-Engeln gemeinsam sind, und solche, die einzigartig sind für jeden der fünf Herkunfts-Bereiche. Die folgenden Kapitel beschreiben sowohl die individuellen Unterschiede als auch die gemeinsamen Nenner, die auf alle fünf Bereiche zutreffen – einschließlich der folgenden:

- **Das Gefühl, anders zu sein als andere Menschen, sich getrennt und fremd fühlen.** Fast jeder Erden-Engel, den ich kennen gelernt, interviewt oder befragt habe, bestätigte mir, dass er das Gefühl hat, »anders zu sein als andere Menschen«. Bei den Vertretern aller Bereiche (außer dem der Inkarnierten Weisen) ist diese Eigenschaft bis ins Erwachsenenalter zu beobachten.

Kelly, ein Inkarnierter Erden-Engel, beschreibt dieses Gefühl mit den folgenden Worten:

»Ich habe das Gefühl, irgendwie nicht dazuzupassen. Ich habe von frühester Kindheit an gespürt, dass ich ein gesellschaftlicher Außenseiter bin. In der Grundschule haben mir die anderen Kinder immer gesagt, ich sei so komisch. Das habe ich furchtbar persönlich genommen und mich verletzt gefühlt und dabei gedacht: *Niemand mag mich.* Stundenlang saß ich alleine in meinem Zimmer und weinte. Ich fühlte mich so hilflos und voller Selbstmitleid, weil ich nicht wusste, warum mich meine Mitschüler als anders empfanden.

Ich war wild entschlossen, dazuzugehören, mich anzupassen, und ich wünschte mir nichts sehnlicher, als von jedem geliebt zu werden. Doch das Einzige, was mir wirklich das Gefühl gab, dazuzugehören, bestand darin, Dinge für andere Leute zu tun. Irgendwann merkte ich dann, wie viele Menschen mich wegen meiner Nettigkeit ausnutzten.

Heute, wo ich über meine Herkunft als Inkarnierter Engel weiß, bin ich in der Lage, Situationen aus einer anderen Perspektive zu betrachten. Es ist okay, anders zu sein. Es ist okay, ich selbst zu sein. So, wie ich bin, so soll ich sein. Heute muss ich nicht mehr Dinge für andere Leute tun, damit sie mich mögen.«

Viele Erden-Engel sind wegen ihrer Andersartigkeit, ihrer unterschiedlichen Interessen und ihres Verhaltens geneckt, verhöhnt oder sogar beschimpft worden. Terry, eine Sternen-Frau, erinnert sich: »Meine Schwestern haben mich immer als ›diejenige, die von einem Ufo hier zurückgelassen wurde‹ vorgestellt.« Heute erkennt Terry das Samenkorn der Wahrheit in den Neckereien ihrer Schwestern, deren diesbezügliche Worte ihr nicht mehr länger einen Stich geben.

• **Extreme Empfindsamkeit gegenüber anderen Menschen, Chemikalien oder Gewalt in jedweder Form.** Erden-Engel haben Schwierigkeiten, sich in großen Menschenmengen aufzuhalten, da sie sich von den mannigfachen Emotionen und physischen Empfindungen überwältigt fühlen, die von anderen Menschen ausstrahlen. Die meisten Erden-Engel haben gelernt, starke Chemikalien in ihren Nahrungsmitteln, Reinigungsmitteln und Toilettenartikeln aufgrund des schlechten Geschmackes bzw. allergischer Reaktionen zu meiden. Gewalt in jeder denkbaren Form stößt Erden-Engel ab – dazu gehören Streitereien, negative Berichte in den Medien und gewalttätige Filme. Die Erden-Engel werden oft von anderen Menschen für diese Eigenschaft getriezt und müssen sich Dinge anhören wie: »Du bist einfach zu empfindsam!« Diese Empfindsamkeit ist in Wahrheit jedoch ein heiliges Geschenk, das die Erden-Engel auf diesen Planeten bringen und was sie in die Lage versetzt, intuitiv zu wissen, wo ihre Dienste benötigt werden. Sie können ihre Empfindsamkeit nicht abstellen, selbst wenn sie es versuchen würden!

Shelly, ein Erden-Engel, sagt dazu: »Ich habe mich in großen Menschenansammlungen noch nie wohl gefühlt, auch nicht an Orten, wo Lärm und Chaos herrscht. Sehr oft ist mein intensives Mitgefühl eher ein Problem als ein Segen. Ich fühle mich oft beim geringsten Anstieg chaotischer Energie verwirrt und bin wie aufgelöst. Es fällt mir schwer, mit anderen Menschen zusammenzuleben, daher geht es mir am besten, wenn ich allein lebe.«

- **Ein starkes Gefühl für die eigene Lebensaufgabe.** Selbst wenn der Erden-Engel nicht genau weiß, was seine oder ihre Lebensaufgabe ist, empfindet er deutlich, dass sie etwas damit zu tun hat, andere Menschen zu lehren und zu heilen. Wie es der Erden-Engel Jonathan ausdrückt: »Ich habe immer gewusst, dass meine Lebensaufgabe darin bestand, zu lehren, zu heilen, zu dienen und meinen Teil dazu beizutragen, dass es unserer problembeladenen Welt besser geht. Obwohl ich mir nicht sicher bin, wozu genau ich mich verpflichtet habe, bin ich bereit, zu helfen.«

- **Immer wieder frustrierende Beziehungsmuster.** Erden-Engel werden in vielen Fällen von emotional verschlossenen Eltern großgezogen oder solchen, die ihre Kinder misshandeln. Als Erwachsene ziehen sie oft Freunde und Liebhaber an, die sie ebenfalls schlecht behandeln. Viele Erden-Engel haben Liebesbeziehungen mit Partnern, die untreu sind, die sie körperlich oder verbal misshandeln oder aber nicht bereit sind, sich wirklich auf die Beziehung einzulassen. Einige Erden-Engel sind als Kind zu gestörten Familien »gesandt« worden, um als eine Art Heilungs-Katalysator zu dienen. Diese jungen Erden-Engel fühlen sich, als seien sie von ihrer Familie nur adoptiert, da sie so anders sind als ihre Eltern oder Geschwister. Und so ist es auch: Diese Menschen sind zwar ihre *physische*, jedoch nicht ihre spirituelle Familie. Andere Erden-Engel verpflichten sich zu problematischen Familiensituationen, damit sie im Laufe einer Lebenszeit besonders schnelle Fortschritte machen können. Nur die unumstößliche Bereitschaft, dieses Muster zu verstehen und zu heilen, scheint den Fluch lösen zu können, der über ihren weiteren Beziehungen hängt.

- **Fremde erzählen ihnen sowohl ihre Probleme als auch tiefgreifende persönliche Informationen.** Erden-Engel werden ihr Leben lang von wildfremden Menschen angesprochen, die um ihre Hilfe bitten oder ihnen intime Einzelheiten ihres Lebens anvertrauen. Viele Erden-Engel hören oft den Ausspruch: »Sie haben einfach etwas an sich, was mein Vertrauen weckt.«

Alisann sagt dazu: »Das ist mir schon mein ganzes Leben lang passiert. Ich kann mich in einem Raum voller Menschen befinden, und jemand kommt auf mich zu und erzählt mir seine intimsten Geheimnisse, ohne dass ich ihn darum gebeten habe.« Diese Tendenz ist vor allem unter Inkarnierten Engeln zu beobachten, da die Mitglieder der anderen Bereiche es gelernt haben, ihre Körpersprache zu benutzen, um diese Art der Annäherung von vornherein zu verhindern.

- **Sie sehen jünger aus, als sie sind.** Vielleicht liegt es daran, dass sie sich gesünder ernähren, mehr Sport treiben und alles in allem besser auf sich achten – oder vielleicht ist es ihre spirituelle Sichtweise –; was auch immer der Grund sein mag: Erden-Engel sehen oft wesentlich jünger aus, als sie chronologisch sind. Fast jeder von mir befragte Erden-Engel hat berichtet, dass die Leute schockiert sind, wenn sie ihr wahres Alter entdecken. Ein Erden-Engel sagte, dass sie noch bis Mitte dreißig ihren Ausweis vorzeigen musste, wenn sie alkoholische Getränke kaufen wollte.

- **Sie haben wahrscheinlich einen Hintergrund persönlichen und familiären Suchtverhaltens.** Egal ob es sich dabei um Nahrung, Drogen, Alkohol, Zigaretten, Beziehungen oder alles auf einmal handelt, einige Erden-Engel wenden sich äußeren Substanzen oder Einflüssen zu, um den Schmerz zu betäuben, der aus dem Gefühl der Andersartigkeit resultiert und daraus, dass sie sich von ihrer Lebensaufgabe eingeschüchtert fühlen und nicht wissen, wie sie sie erfüllen können. Ein mir bekannter Erden-Engel hat dies auf folgende Weise beschrieben: »Ich konnte viel besser mit dem Leben fertig werden, wenn ich Drogen oder Alkohol benutzte. Diese Substanzen gaben mir eine Leichtigkeit, oder ein Gefühl des Betäubtseins, was mir erlaubte zu vergessen, warum ich hier war. Die Drogen sorgten dafür, dass meine Lebensaufgabe in den Hintergrund trat. Damals drehte sich das Ganze mehr um die Frage, ob mein Leben überhaupt etwas wert war.«

• **Ein klingelndes Geräusch in einem Ohr.** Die meisten Erden-Engel (jedoch nicht alle) hören oft einen hohen Ton wie ein Klingeln in einem Ohr. Der Ton kann sowohl in stressreichen Situationen auftreten als auch einfach aus heiterem Himmel kommen. Viele Erden-Engel empfinden dieses Geräusch als eine störende Ablenkung, doch in Wahrheit handelt es sich dabei um codierte Information, die der Ebene der Engel entspringt und dem Betreffenden helfen soll, sich über die Probleme des Erdenlebens zu erheben. Außerdem enthält dieser hohe Ton Instruktionen und Führung für die Mission der Erden-Engel. Glücklicherweise können Erden-Engel mental die himmlischen Mächte bitten, das Volumen zu verringern, damit der Ton nicht länger Schmerzen in ihren Ohren verursacht.

* * *

Dies ist ein Buch für Sie und über Sie! Ich bete darum, dass es Ihnen helfen möge, die Wunden zu heilen, die Sie aufgrund Ihres Andersseins, Ihrer hohen Sensitivität und extremen Kreativität erlitten haben oder weil Sie nicht in die Parameter der Norm, Erwartungen und Organisationen hineinpassten.

Zweites Kapitel

Quiz: Welcher Typ Erden-Engel sind Sie?

Manche Menschen wissen sofort, zu welchem Erden-Engel-Bereich sie gehören, sobald sie die Beschreibung der einzelnen Typen hören. Sollten Sie jedoch noch immer nicht sicher sein, werden Ihnen vielleicht dieses Quiz und die nachfolgenden Kapitel helfen, Ihre spirituelle Herkunfts-Familie zu identifizieren.

Bitte schreiben Sie »Richtig« oder »Falsch« (R oder F) neben jede der unten stehenden Aussagen. Nehmen Sie die erste Antwort, die Ihnen in den Kopf oder ins Herz kommt:

________ 1. Ich habe die Tendenz, schnell zuzunehmen, oder ich bin momentan übergewichtig.

________ 2. Meine vergangenen oder gegenwärtigen Liebespartner sind drogensüchtig oder Alkoholiker.

________ 3. Ich breche nie die Regeln.

_________ 4. Es fällt mir schwer, »Nein« zu sagen.

_________ 5. Ich töne, färbe oder bleiche meine Haare.

_________ 6. Ich würde einem anderen lieber unter vier Augen helfen als in einer Gruppensituation.

_________ 7. Um die Wahrheit zu sagen, sind mir Tiere oder Pflanzen viel lieber als Menschen.

_________ 8. Ich bin keltischen Ursprungs oder ich sehe keltisch aus (d. h., ich habe einen Rotschimmer im Haar, Sommersprossen oder eine rötliche Gesichtsfarbe).

_________ 9. Ich bin stets zu Streichen aufgelegt.

_________ 10. Ich bin ein rechter Schelm und scheine ständig ein Funkeln in den Augen zu haben.

_________ 11. Ich bin extrem unabhängig und mag es nicht, Regeln einzuhalten oder den Anordnungen der Autoritäten zu folgen.

_________ 12. Was Geld betrifft, so scheine ich entweder zu viel oder zu wenig davon zu haben.

________ 13. Ich stehe nicht gerne im Mittelpunkt, und bei gesellschaftlichen Anlässen bin ich eher ein Mauerblümchen.

________ 14. Ich habe schon immer an Ufos und Außerirdische geglaubt oder war an ihnen interessiert.

________ 15. Ich bin anderen Menschen gegenüber zwanghaft rücksichtsvoll, egal ob sie das schätzen oder nicht.

________ 16. Ich arbeite mit Reiki oder führe andere Arten von Heilung mit den Händen durch.

________ 17. Meine Lebensaufgabe ist wichtiger, als zu heiraten und Kinder zu bekommen.

________ 18. Ich würde jetzt wirklich gerne nach Hause gehen, weil ich weiß, dass die Erde *nicht* mein Zuhause ist.

________ 19. Ich hatte eine lebenverändernde Erfahrung, wie zum Beispiel einen schweren Unfall oder eine Nahtoderfahrung.

________ 20. In der Vergangenheit habe ich mich oft so elend gefühlt, dass ich sterben wollte und ernsthaft darüber nachgedacht habe, Selbstmord zu verüben (oder es versucht habe).

________ 21. Ich habe meinen Vornamen geändert, oder ich bin drauf und dran, es zu tun.

________ 22. Meine Freunde und Familie sagen: »Du bist jetzt anders. Irgendetwas an dir hat sich verändert, ist anders als früher.«

________ 23. Ich habe simultan in vielen Bereichen meines Lebens drastische Veränderungen vorgenommen (oder nehme sie gerade vor), alles auf einmal und ganz plötzlich.

________ 24. Ich habe ein tiefes spirituelles Wissen, das ich mir weder angelesen noch von irgendwelchen Lehrern übernommen habe.

________ 25. Obwohl ich weiß, dass ich anders bin als andere Menschen, bin ich gerne in der Gesellschaft anderer Leute und komme mit den meisten gut aus.

________ 26. Ich weiß, dass ich über magische Fähigkeiten verfüge, die zurzeit noch unangetastet in mir schlummern.

________ 27. Ich habe intensive Erinnerungen an vergangene Leben oder Interessen, die sich auf die Zeit der Tafelrunde oder von Atlantis beziehen.

________ 28. Ich glaube, dass ich während der Zeit der Hexenjagden oder Inquisition auf dem Scheiterhaufen verbrannt oder auf andere Weise getötet wurde.

________ 29. Ich habe mich eingehend mit Tarot oder Astrologie beschäftigt.

________ 30. Ich fühle mich sehr zu erdgebundener Spiritualität hingezogen, wie beispielsweise dem Schamanismus oder Vollmond-Zeremonien.

Auswertung:
Die Zahl der *richtigen* Antworten, die auf Sie zutreffen, zeigt Ihnen, aus welchem Bereich Sie kommen. Zählen Sie die Anzahl der *richtigen* Antworten für jede aufeinander folgende Gruppe von sechs Fragen, indem Sie mit den ersten sechs beginnen.

- Wenn Sie zum Beispiel vier der ersten sechs Fragen mit *Richtig* beantwortet haben, dann sind Sie wahrscheinlich ein Inkarnierter Engel. (Das heißt, je mehr Fragen Sie mit *Richtig* beantwortet haben, desto wahrscheinlicher ist es, dass Sie in diese Kategorie gehören.)

* Wenn Sie vier oder mehr der Fragen 7 bis 12 mit *Richtig* beantwortet haben, sind Sie aller Wahrscheinlichkeit nach ein Inkarniertes Elementargeist.

* Haben Sie die Fragen 13 bis 18 viermal oder öfter mit *Richtig* beantwortet, sind Sie höchstwahrscheinlich ein Sternen-Mensch.

* Falls Sie vier oder mehr der Fragen 19 bis 24 mit *Richtig* beantwortet haben, dann sind Sie wahrscheinlich ein Walk-In.

* Falls Sie von den Fragen 25 bis 30 vier oder mehr mit *Richtig* beantwortet haben, gehören Sie mit ziemlicher Sicherheit zu den Inkarnierten Weisen.

Falls Ihre Antworten nicht in die eine oder andere der fünf Kategorien passen, dann sind Sie unter Umständen ein in der Entwicklung begriffener Erden-Engel oder ein »Dabbler«. Dies ist ein Wesen, das sich von einer Ebene auf die andere bewegt, wie beispielsweise von der Ebene der Elementargeister auf die der Sternen-Menschen, ein Thema, das im achten Kapitel näher besprochen wird.

Drittes Kapitel

Inkarnierte Engel

Berichte von Inkarnierten Engeln datieren bis mindestens zu der Zeit des Apostel Paulus zurück, der den Hebräern schrieb: »Vergesst nicht, Fremde zu bewirten, denn indem sie dies taten, haben manche unbewusst Engel bewirtet.« Meine Bücher *Engel-Gespräche* und *Neue Engel-Gespräche* beinhalten Geschichten von Personen, denen Menschen begegnet sind, die in Wahrheit Inkarnierte Engel waren.

Manche Engel nehmen nur vorübergehend menschliche Form an, um eine Katastrophe zu verhindern, und verschwinden dann spurlos, bevor die an der Situation beteiligten Personen eine Chance hatten, sich zu bedanken. Es gibt jedoch andere Inkarnierte Engel, die sich bereit erklären, ihr ganzes Leben in einem menschlichen Körper zu verbringen – und sie gehören wahrscheinlich zu den liebevollsten Lichtarbeitern, die man sich vorstellen kann.

Inkarnierte Engel tendieren dazu:

* süße, herzförmige Gesichter zu haben;

* wie Engel »auszusehen« (egal ob männlich oder weiblich);

* Lippen wie Amorbögen zu haben und große Rehaugen, die Unschuld und Liebe ausstrahlen;

* zu viel zu essen und unter Gewichtsproblemen zu leiden;

* zu den fixen astrologischen Sternzeichen zu gehören: Stier, Löwe, Skorpion oder Wassermann;

* professionelle Helfer zu sein, wie zum Beispiel Lehrer, Flugbegleiter, Krankenschwestern und Berater;

* ihre Haare aufzuhellen oder zu bleichen (egal zu welcher Rasse sie gehören);

* Schwierigkeiten zu haben, »Nein« zu sagen, und sich schuldig zu fühlen, wenn andere *ihnen* helfen;

* Engel zu lieben; sie besitzen ganze Sammlungen von Engel-Statuen, Engel-Büchern, Engel-Schmuckstücken etc.;

* zusätzliche Schutzengel um sich zu haben;

* den Anschein zu erwecken, als ob sie leuchten, und oft ist ihre Aura extrem weit;

* sich in das Potenzial eines Menschen zu verlieben und zu versuchen, den Betreffenden zu seiner wahren Größe hinzuführen;

* Beziehungen mit Alkoholikern oder sonstigen Drogensüchtigen einzugehen und

* viel länger in schwierigen Beziehungen zu bleiben, als es ein normaler Mensch tun würde.

Ich werde oft nach *Reinkarnierten Engeln* gefragt. Die Bezeichnung *Inkarniert* ist jedoch akkurater als *Reinkarniert*. Ein Engel mag mehr als ein Leben in einem menschlichen Körper verbracht haben, doch falls seine letzte Inkarnation auf einer himmlischen Ebene stattgefunden hat, täuschen die verräterischen Eigenschaften über seine wahre spirituelle Herkunft hinweg.

Viele Inkarnierte Engel kämpfen mit gesundheitlichen Problemen, vor allen Dingen *Fibromyalgie,* chronisches Müdigkeitssyndrom und bei Frauen gynäkologischen Problemen. Louise L. Hay, Autorin des Buches *Gesundheit für Körper und Seele,* sagt, dass Erkrankungen im gynäkologischen Bereich ihre Wurzeln in der »Verleugnung des Selbst und der Ablehnung der eigenen Weiblichkeit« haben und dass fibröse Tumore und Zysten daher rühren, dass die betreffende Frau »den ihr von einem Partner zugefügten Schmerz und die damit einhergehende Verletzung ihres weiblichen Egos nicht verwinden kann«.

Diese Symptome können sowohl bei männlichen

als auch weiblichen Inkarnierten Engeln auftreten, die – wenn sie jemanden kennen lernen – unter die Oberfläche des Betreffenden sehen und seine inneren Fähigkeiten, seine Göttlichkeit und sein Potenzial erkennen können. Inkarnierte Engel haben diese Eigenschaften mit den in der geistigen Dimension lebenden Engeln gemeinsam, wobei sich Letztere ausschließlich auf die innere Schönheit fokussieren und die Menschen dazu drängen, ihre gottgegebenen Talente zu verfeinern, um dazu beizutragen, dass die Welt ein besserer Ort für alle wird.

Inkarnierte Engel haben häufig Freunde und Liebhaber, die ihr Potenzial hinter Suchtverhalten verbergen. Der Inkarnierte Engel nimmt diese Beziehung als eine »ihm übertragene Aufgabe« an und versucht, dem Betreffenden zu helfen, seine Selbstzweifel zu überwinden und sich auf seine Stärken und Fähigkeiten zu fokussieren. Leider führt dies oft zu frustrierenden Beziehungen für beide Beteiligten. Der Inkarnierte Engel sieht seine Bemühungen, den Partner zu heilen, immer wieder vereitelt. Und der Partner fragt genervt: »Warum versuchst du, mich zu ändern?« Viele Inkarnierte Engel machen sich vor, leider oft zu Unrecht, dass ihr Partner irgendwann geheilt sein wird, wenn sie nur genug für ihn tun oder ihm genug Liebe geben. Das ist gut und schön, solange der Betreffende glaubt, dass eine Heilung nötig ist – und wenn er *bereit* ist, diese Heilung zu erfahren.

Meine eigene Erfahrung mit Klientinnen und Klienten, die unter gynäkologischen Problemen und Erkrankungen der Prostata leiden, hat mir gezeigt, dass sie oft gleichzeitig unter dem Syndrom der Frau und des Mannes leiden, »die zu viel lieben«. In Wahrheit gibt es nicht so etwas wie »zu viel Liebe geben«. Wenn jedoch ein Mensch Liebe gibt und dann die Tatsache *übel nimmt*, dass diese Liebe nicht gewollt oder erwidert wird, kann sich der hinuntergeschluckte Ärger in physischen Symptomen manifestieren.

Viele Inkarnierte Engel haben Erfahrung mit negativen Beziehungsmustern, und wenn sie die toxischen Emotionen, die mit diesen negativen Beziehungen zu tun haben, nicht loslassen, ist es ganz natürlich, dass ihr Körper dagegen protestiert.

Energie, Gewicht und Nahrung

Auch die oft anzutreffende Tendenz zum *Chronic Fatigue Syndrome* [chronisches Müdigkeitssyndrom] enthält weitere Hinweise zur Natur der Inkarnierten Engel. Alle Bereiche der Erden-Engel sind extrem empfindsam gegenüber Energie jeglicher Art. Doch Inkarnierte Engel scheinen toxischen Energien und Energieabsaugung aufgrund ihrer ausgeprägten Neigung zum Syndrom der *»Frauen und Männer, die zu viel lieben«* ganz besonders schutzlos ausgeliefert zu sein. Der Inkarnierte Engel ist im Vergleich zu den anderen Erden-Engeln viel mehr auf das Zusammensein mit anderen Menschen ausgerichtet und wird es wahrscheinlich vorziehen, in einem großen Unternehmen zu arbeiten.

Inkarnierte Engel sollten unbedingt regelmäßige

Übungen zum »Energie-Schutz« und Clearing-Techniken vornehmen, wie sie im nächsten Abschnitt beschrieben werden. Denn sonst geht es ihnen so wie jemand, der sich ohne einen warmen Anorak einem Schneesturm aussetzt. Ein Inkarnierter Engel namens Kelly meint, dass diese Praxis des Energie-Schutzes ihr enorm geholfen hat:

»Wann immer ein bestimmter Kollege an meinem Schreibtisch vorbeikam oder stehen blieb, um mit mir zu reden, fühlte ich mich total geschwächt, wie ausgesaugt. Ich hätte schwören können, dass er mir meine Energie raubte.

Irgendwann las ich dann in einem Buch über Menschen, die ›Haken‹ in ihrem Energiefeld haben, mit denen sie anderen Personen ihre Energie rauben. Nachdem mir klar war, dass mein Kollege genau das machte, wenn wohl auch unbewusst, benutzte ich die Übung in dem Buch, um meine Energie zu schützen. Es dauerte nicht lange, und dieser Mann hörte auf, sich mir zu nähern.«

Gut auf ihre Energie zu achten hilft den Inkarnierten Engeln auch zu vermeiden, dass sie zu viel essen, um dadurch ihre Lebenskraft anzukurbeln. Viele Inkarnierte Engel neigen zu kompulsivem Überessen, und viele von ihnen tragen mehr Körpergewicht mit sich herum, als ihnen gut tut. Yasmin, ein Inkarnierter Engel, sagt dazu: »Ich bin regelrecht schokoladensüchtig, was mir jeden Tag aufs Neue köstliche Erinnerungen an die himmlischen Gefilde schenkt, und daher fällt es mir ungeheuer schwer, auf Schokolade zu verzichten.«

Essen ist für Inkarnierte Engel eine Möglichkeit, sich zu erden, wenn sie das Gefühl haben, abzuheben; außerdem ist Essen gut geeignet, Stress abzubauen, vor allen Dingen wenn es sich um knackige, salzige Sachen handelt wie beispielsweise Popcorn und Kartoffelchips.

Es scheint, dass der Grund für die Übergewichtigkeit vieler Inkarnierter Engel nicht darin zu suchen ist, dass sie zu viel essen, sondern eher damit zu tun hat, dass sie sich durch das angesammelte Körperfett einen energetischen Schutzschild zulegen. Es fällt ihnen schwer, abzunehmen, selbst unter Einhaltung einer strengen Diät oder regelmäßigen Trainings. Das gilt vor allem für Inkarnierte Engel, die als Massage-Therapeuten arbeiten oder die auf andere Weise mit heilender Berührung beschäftigt sind. Sie absorbieren die toxischen Emotionen ihrer Klienten, und ihre Körper blähen sich auf wie Schwämme, die sich mit Wasser voll gesogen haben.

Mit ihren üppigen, kurvenreichen Körpern, ihren exquisiten, schönen Gesichtern und hoch aufgebauschten Frisuren sehen weibliche Inkarnierte Engel oftmals wie übergewichtige Schönheitsköniginnen aus. Man sagt ihnen oft: »Du hast so ein hübsches Gesicht. Würdest du nur ein bisschen abnehmen, dann wärst du absolut hinreißend!« Die Schauspielerinnen Delta Burke und Elizabeth Taylor sind mit ihren physischen Eigenschaften ein Beispiel für Inkarnierte Engel.

Männliche Inkarnierte Engel sind kräftige Teddybär-Typen, wie zum Beispiel der Schauspieler John Goodman; oder solche mit süßen, jungenhaften Gesichtern, wie der Schauspieler John Dye (er spielt den Andrew in der Fernsehserie *Ein Hauch von Himmel)* .

Einen Schutzschild kreieren

Bevor Sie raus in den Regen gehen, ziehen sie sich eine Jacke an. Nun, in ähnlicher Weise ist es nötig, dass Sie sich Ihre »Energie-Jacke« anziehen, wann immer Sie vorhaben, einem anderen Menschen zu helfen. Wenn sie einem anderen Ihr Herz öffnen, sind Sie auch offen, übrig gebliebene Angst-Energie zu empfangen, die vielleicht in Ihre Richtung spritzt. Das heißt nicht, dass Sie nicht helfen sollen. Doch es ist genauso, wie jemandem zu helfen, der längere Zeit bei Regenwetter draußen gewesen ist: Vielleicht hat er eine Menge Schlamm an den Schuhen und auf seiner Kleidung, und es hilft niemandem, wenn dieser Schmutz sich auf sie überträgt. Mit anderen Worten: Wenn Sie einem Menschen helfen, seine Gedanken und Emotionen zu klären, dann lässt der Betreffende toxische Energien los, die auf jeden spritzen können, der in der Nähe ist – einschließlich Ihnen, dem oder der Helfenden.

Die Inkarnierten Engel unter meinen Lesern haben die Tendenz, die »blutenden Herzen« unter den verschiedenen Gruppen der Erden-Engel zu sein, und

Sie sollten ganz besonders immer daran denken, Schutztechniken anzuwenden, bevor Sie mit Ihrer Heilungsarbeit beginnen. Tun Sie es nicht, ist die Wahrscheinlichkeit groß, dass Sie extra Körperfett zulegen, um sich zu isolieren und zu schützen. Das überflüssige Fett resultiert nicht unbedingt daraus, dass Sie zu viel essen, und sie werden feststellen, dass sie auch unter Einhaltung einer Diät und bei regelmäßigem Fitnesstraining nicht abnehmen. Dieses »Polster« ist vielmehr eine Form des Schutzes, die Sie gegen eine Schicht schützender Energie bzw. ein energetisches *Schutzschild* austauschen können.

Sie brauchen nur einen Moment, um sich energetisch abzuschirmen. Idealerweise sollten sie dies vor *jeder* Hilfs-/Heilungssession tun – dabei spielt es keine Rolle, ob Sie dafür bezahlt werden oder Ihre Hilfe unentgeltlich zur Verfügung stellen. Es spielt auch keine Rolle, ob die Person, der Sie helfen wollen, ein Fremder, ein Familienmitglied oder ein Freund ist. Und es ist egal, wie lange die Session dauert – es kann alles sein, von ein paar Minuten bis zu mehreren Tagen. Wann immer Sie jemandem helfen wollen, achten Sie darauf, dass Sie sich zuerst einen energetischen Schutzschild zulegen.

Sollten sie jedoch vergessen haben, sich *vor* der Session zu schützen, können Sie es immer noch zu jedem beliebigen Zeitpunkt *während* der Session tun. Es ist nie zu spät, sich selbst zu schützen; jedoch kann es sein, dass Sie mittlerweile einiges von dem energetischen Unrat absorbiert haben, daher sollten sie sich auf jeden Fall nach der Session einem energetischen *Clearing* unterziehen. (Im nächsten Abschnitt wird dieser Vorgang beschrieben.)

Einfach die Intention aufrechtzuhalten, sich selbst mit einer schützenden Schicht von Licht und Energie zu umgeben, sorgt dafür, dass es geschieht. Sie können dabei weder etwas falsch machen noch wird Ihnen der Zugang zu dem Licht- oder Energie-Schutzschild verwehrt. Jeder Mensch, der diese Intention in seinem Inneren aufrechthält, empfängt sofortige Resultate, ohne Ausnahme.

Sich einen Schutzschild zuzulegen bedeutet, sich selbst als jemanden zu visualisieren, zu fühlen oder zu denken, der sich in einem Kokon von Licht befindet. Dieses Licht ist die Essenz der Engel, und es ist eine lebende, liebevolle, intelligente Wesenheit, die Sie gerufen haben, Sie zu umgeben und zu schützen. Machen Sie sich keine Sorgen. Dieses Licht ist immer ein Strahl des göttlichen Lichtes unseres Schöpfers. Sogenannte dunkle Mächte besitzen dieses Licht nicht, das sie anderen weitergeben können (noch würden sie es weitergeben wollen, wenn sie es besitzen würden). Das bedeutet also, dass Sie nicht zufällig eine niedrigere Energie anrufen können, wenn Sie sich mit einem Schutzschild umgeben.

Sie können sich mit verschiedenen Farben des Lichts schützen, je nach ihrer Intention. Auch hier sollten Sie wissen, dass Ihnen Ihre Intention, sich mit diesem Licht zu umhüllen, nicht verwehrt wird. Jeder, der bittet, wird empfangen, ohne Ausnahme (obwohl das Ego manchmal versucht, uns vom Gegenteil zu überzeugen – bitte hören Sie nicht auf diese irreführende Stimme!). Zu den verschiedenen Farben gehören die folgenden:

- **Weißes Licht:** Ruft die Engel in Ihrem Umfeld herbei, damit diese Sie von Kopf bis Fuß umhüllen. Die Engel wachen über Sie und sorgen dafür, dass Sie sicher und beschützt sind.

- **Rosafarbenes Licht:** Dieses Licht sollten Sie anrufen, wenn Sie sich in Gegenwart einer negativen Person befinden, die von ihren Problemen besessen ist. Das rosa Licht schickt jedem liebevolle Energie, der mit Ihnen redet, und gleichzeitig sendet es Ihnen selbst liebevolle Energie. Nichts kann diesen rosafarbenen Schutzschild durchdringen, außer liebevolle Gedanken und Energien.

- **Smaragdgrünes Licht:** Sehen oder fühlen Sie sich selbst umgeben von diesem herrlichen Licht, wann immer Sie irgendein Ungleichgewicht in Ihrem eigenen Körper heilen wollen. Ihr Körper absorbiert dieses Licht überall da, wo er heilende Energie benötigt.

- **Violettes Licht:** Visualisieren Sie sich selbst eingehüllt in ein königlich violettes Licht, das Ihre spirituelle Frequenz erhöht und Sie in die Lage versetzt, sich über Probleme zu erheben und die höchste Ebene göttlicher Führung zu kontaktieren. Violettes Licht stößt zudem jegliche Art niedriger Energie, Wesenheiten oder erdgebundener Geister ab.

• **Regenbogen-Licht:** Sehen oder spüren Sie sich selbst, wie Sie einen Umhang aus bunten Regenbogenstreifen tragen, der Ihre Fähigkeit steigert, an sich selbst oder anderen Energieheilungs-Arbeiten durchzuführen.

Sie können sich in Schichten von vielfarbigem Licht einhüllen, falls Sie dies wünschen, um alle segensreichen Wirkungen der verschiedenen Farben herbeizurufen. Zum Beispiel können Sie sich eine dreifache Schicht von Licht vorstellen, mit dem weißen Licht für Engels-Energie, gefolgt von einer Schicht grünem Licht für Heilung und abschließend violettem Licht, um Ihr Bewusstsein für die höchste Wahrheit zu öffnen.

Außerdem können Sie Schutzschilder kreieren, um Ihre Liebsten zu schützen, Ihr Zuhause und die Welt im Allgemeinen. Benutzen sie einfach dieselben Methoden wie oben aufgeführt und stellen Sie sich Ihre Lieben, bestimmte Objekte, Orte oder Bereiche vor, wie sie von einem heilenden Licht umgeben sind.

*Clearing**

Es kann passieren, dass Sie vergessen, sich vor einer Session mit einem Schutzschild zu umgeben; daher ist es eine gute Idee, regelmäßige Energie-Clearings vorzunehmen, um alle Auswirkungen von Angst

* [Reinigen/Klären von Energie – Anm. d. Übers.]

aus Ihren eigenen Gedanken oder aus den Gedanken anderer Personen zu entfernen. Ein Gefühl der Erschöpfung ist das Hauptsymptom des Absorbierens niedriger Energien. Diese Art von Erschöpfung wird weder durch Koffein noch durch ein kurzes Nickerchen oder Fitnessübungen besser. Das Empfinden einer tiefen Müdigkeit ist chronisch, da es aus Quellen kommt, die Ihrem physischen Körper fremd sind. Machen Sie sich jedoch keine Sorgen: Sie können sowohl die Ursache als auch die Auswirkung der Erschöpfung problemlos entfernen.

Wenden Sie nach jeder Heilungs- oder Lehrsession oder wann immer Sie sich sehr müde und erschöpft fühlen, Techniken zur Energie-Klärung an. Ihre eigenen inneren Führer und Engel werden Ihnen vielleicht Methoden zeigen, die genau zu Ihnen passen, doch möchte ich hier einige beschreiben:

- **Durchtrennen Sie die Schnüre, die Sie mit anderen Personen verbinden:** Dies ist ein essenziell wichtiger Schritt für alle Heiler und Lehrer. Jeder Ihrer Schüler und Patienten verbindet sich durch eine ätherische Schnur mit Ihnen, wenn er glaubt, dass er etwas von Ihnen braucht. Was dazu führt, dass der Betreffende nach Ihrer gemeinsamen Session Ihnen Energie abzieht. Unter Umständen *schickt* er Ihnen durch die Schnur sogar toxische Energien zu. Hierbei handelt es sich um einen meist unbewussten Vorgang, obgleich die Schnüre für hellseherisch begabte Menschen sichtbar und für Personen mit Hellfühligkeit spürbar sind.

Um die Schnüre zu durchtrennen, sagen Sie einfach die folgenden Worte laut oder mental:

»Erzengel Michael, bitte komm jetzt zu mir und durchtrenne die Schnüre der Angst, die mir meine Energie und Lebenskraft abziehen.«

Wenn Sie wirklich bereit sind, diese Schnüre loszulassen, wird der Erzengel Michael Ihre Bitte umgehend erfüllen. Manchmal halten Menschen aufgrund eines ungesunden Bedürfnisses, »gebraucht zu werden«, an den Schnüren fest. Sollte dies der Fall sein, bitten Sie den Erzengel Michael, die Ängste hinter einem solchen Bedürfnis oder Wunsch loszulassen. (Vergessen Sie nicht, dass die Erzengel gleichzeitig bei jedem Menschen sein können, der sie anruft, und dass sie weder zeitlichen noch räumlichen Begrenzungen unterliegen.)

- **In Salzwasser baden:** Wenn es in der Nähe kein Meer gibt, in dem Sie schwimmen können, können Sie seine heilenden Wirkungen imitieren, indem Sie Ihre Badewanne mit warmem Wasser und Meersalz füllen, das Sie in jedem Naturkostladen und in Parfümerien kaufen können. Das reine Meersalz zieht toxische Energien aus Ihren Poren. Achten Sie darauf, eine Sorte ohne künstliche Farbstoffe oder synthetische Duftstoffe zu wählen, damit Sie Ihrem Körper nicht versehentlich noch mehr Chemikalien zuführen.

• **Erholung in der Natur:** Pflanzen und Tiere bieten eine willkommene Erholung von künstlichem Licht, elektromagnetischen Frequenzen, klingelnden Telefonen und dem Druck, den andere Menschen auf uns ausüben. Außerdem ziehen Pflanzen negative toxische Energien aus unserem geistigen, emotionalen und physischen Körper. Wenn Sie sich müde und erschöpft fühlen, sollten Sie eine Topfpflanze neben Ihr Bett stellen, damit die Pflanze und ihre Feen Energie-Clearings bei Ihnen durchführen können, während Sie schlafen.

Engel und Bestimmtheit

Inkarnierte Engel wurden geboren, um zu helfen und zu heilen, und sie kommen auf die Erde mit der Bereitschaft, diese Mission durchzuführen. Wenn diese Bereitwilligkeit jedoch irgendwie aus dem Gleichgewicht geraten ist, kann sie zu Schwierigkeiten führen.

Zum Beispiel sind Inkarnierte Engel von einem derartigen Optimismus (und Liebe) für die Menschheit erfüllt, dass es ihnen oft schwer fällt, »Nein« zu sagen. Es mag notwendig sein, mit Hilfe eines Beraters, Kurses, Selbsthilfe-Buches oder einer Kassette ein Bestimmtheits-Training zu absolvieren, da viele Inkarnierte Engel sich selbst gegenüber in Form von Selbstverleugnung »Nein« sagen, während sie zu allen anderen »Ja« sagen.

Inkarnierte Engel entschuldigen sich oft dafür, um

Hilfe gebeten zu haben, oder weigern sich beharrlich, einen Teil ihrer Aufgaben zu delegieren, und sind dann verbittert, weil niemand ihnen hilft und sie die ganze Arbeit allein tun müssen. Dies kann zu einem »Märtyrer-Opfer-Komplex« führen, in dem der Inkarnierte Engel das Gefühl hat, als würde er von jedem ausgenutzt, anstatt zu erkennen, dass er selbst die Situation kreiert hat. Manche Inkarnierten Engel fühlen sich schuldig, wenn sie andere um Hilfe bitten, selbst wenn sie ihren eigenen Schutzengel um Beistand bitten, und das nur aus Angst, den anderen zu »belästigen«. Manchmal ist diese Angst das Resultat jahrelangen verbalen und körperlichen Missbrauchs. Daher glauben die Inkarnierten Engel, dass irgendetwas mit ihnen nicht stimmt und sie daher keine Hilfe verdient haben. Das kann dazu führen, dass sie ein Muster der Selbstsabotage entwickeln und sich alle Möglichkeiten, um Hilfe zu bitten oder sie anzunehmen, versagen.

Eine Heilung in diesem Bereich kann nur dann eintreten, wenn der Begriff des »Empfangens« neu definiert wird. Das heißt, diese Inkarnierten Engel müssen erkennen, dass sie anderen Menschen mehr geben und ihnen besser helfen können, wenn sie sich selbst erlauben, zuerst zu empfangen. Falls sie sich zum Beispiel dazu berufen fühlen, Heiler zu sein, brauchen sie vielleicht ein Heilungszentrum, in dem sie arbeiten können, Geld für entsprechende Werbemaßnahmen, einen Computer oder andere Hilfsmittel. Außerdem benötigen sie unter Umständen vorübergehend finanzielle Unterstützung, um einen Job aufzugeben, der zu viel Zeit beansprucht, die sie eigentlich in ihre Arbeit als Heiler investieren wollen.

Damit im Zusammenhang steht die Tatsache, dass manche Erden-Engel, einschließlich Inkarnierter Engel, Schwierigkeiten haben, Geld für ihre Heilbehandlungen anzunehmen. Dies kann im Fall der Inkarnierten Engel ein Problem kreieren, die mit dem Gedanken spielen, einen sinnlosen Job aufzugeben, von dem sie jedoch finanziell abhängig sind. Würden diese Engel Geld für ihre Heilungen oder Beratungen akzeptieren, könnten sie es sich leisten, ihre Jobs aufzugeben und ausschließlich als Heiler und Lehrer tätig zu sein.

Es ist sowohl für den Klienten als auch für den Heiler wichtig, während Heilungs- und Lehrsitzungen Energie auszutauschen. Mit anderen Worten: Der Klient oder Schüler muss etwas zurückgeben. Das könnte Geld sein, ein Essen, Dienstleistungen oder eine freiwillige Spende für eine Wohltätigkeitsorganisation, die dem Heiler oder Lehrer besonders am Herzen liegt. Einen Klienten oder Schüler zu ermutigen, etwas zurückzugeben, ist Teil des Heilungsprozesses, der von Inkarnierten Engeln angeboten wird.

Viele Inkarnierte Engel leiden unter einem »Ungleichgewicht im Geben und Nehmen«. Das Gesetz von Geben und Empfangen besagt, dass wir immer dann, wenn wir geben, automatisch empfangen. Das ist ein universales Gesetz, der Kern des Ganzen. Und es ist offensichtlich, dass Inkarnierte Engel einen Großteil ihrer Zeit damit verbringen, zu geben. Tatsächlich arbeiten die meisten von ihnen in Heil-

oder Dienstleistungsberufen, wie zum Beispiel in der Medizin, als Lehrer, Berater oder in der Reise-Industrie. Jedoch blockieren sie oft durch Selbstsabotage, Selbstverleugnung und verschwenderischen Umgang mit Geld den Fluss des Empfangens für ihre eigene Person.

Weibliche Energie ist empfangende Energie, und wenn ein weiblicher Inkarnierter Engel zu viel gibt, kann es sein, dass ein Ungleichgewicht entsteht und er zu viel männliche Energie ausstrahlt. Das Gleiche gilt, im umgekehrten Sinne, auch für männliche Inkarnierte Engel. Ständiges Geben, ohne sich Zeit für sich selbst zu nehmen, ist ein weiterer Grund, warum Inkarnierte Engel so häufig unter Erschöpfung leiden.

Die Affirmationen, mit denen dieses Ungleichgewicht geheilt werden kann, lauten: »Ich empfange alles Gute mit Freuden« und: »Je mehr ich mir erlaube zu empfangen, desto besser bin ich in der Lage, anderen zu helfen.« Wenn Inkarnierte Engel sich diese Worte immer wieder sagen und es sich zur Gewohnheit machen würden, sich selbst zu verwöhnen, dann wären sie offener dafür, auch auf andere Weise etwas zu empfangen, wie beispielsweise Hilfe bei der Durchführung ihrer Mission. Innerlich ausgeglichene Inkarnierte Engel erkennen, dass sie Gottes Friedensplan schneller voranbringen können, wenn sie im Team arbeiten, das heißt, wenn sie einander um Hilfe bitten und sie annehmen.

Inkarnierte Engel befolgen sehr gerne Regeln und befürchten oft, sie könnten sie brechen. Sie arbeiten hart in dem von ihnen gewählten Beruf und neigen zum Perfektionismus. Tatsächlich waren die Fragebögen, die für dieses Buch von den Inkarnierten Engeln abgeliefert wurden, im Gegensatz zu den von den anderen Gruppen ausgefüllten Fragebögen äußerst gewissenhaft ausgefüllt und gut organisiert. Diese Charakteristiken prädestinieren Inkarnierte Engel dazu, in einem institutionellen oder akademischen Umfeld zu arbeiten. Inkarnierte Engel arbeiten oft in Krankenhäusern, Schulen, Universitäten und bei Fluggesellschaften. Weibliche Inkarnierte Engel sind gerne als Krankenschwestern, Lehrerinnen und Flugbegleiterinnen tätig oder in sonstigen Jobs, die ein liebevolles Herz und eine nahezu himmlische Geduld erfordern. Ich habe es stets als besonders passend empfunden, dass so viele Flugbegleiter Inkarnierte Engel sind, denn schließlich sind Engel ja das Fliegen gewöhnt!

Das persönliche Leben Inkarnierter Engel

Weil Inkarnierte Engel physisch attraktiv sind und ein großes, liebevolles Herz haben, fällt es ihnen in der Regel nicht schwer, Liebespartner oder Freunde anzuziehen. Ihre Schwierigkeit liegt jedoch darin, *erfüllende* Beziehungen zu finden. Inkarnierte Engel sehen ihre Liebespartner und Freunde oft als potenzielle Klienten, denen sie helfen und etwas beibringen können. Sie gehen an die neue Beziehung mit der Frage heran: »Wie kann ich diesem Menschen helfen?«

Wie bereits erwähnt, verlieben sich Inkarnierte Engel häufig in Süchtige jedweder Couleur und versuchen dann, die Betreffenden wieder in Ordnung zu bringen. In ihren Freundschaften spielen sie meistens die Rolle des Beraters oder hören stundenlang ihren Freunden zu, wie sie von ihren Problemen reden. Wenn sie versuchen, über ihre eigenen Probleme zu sprechen, beenden ihre Freunde meistens ganz schnell die Unterhaltung. Dies ist ein anderes Beispiel für die Unausgeglichenheit im Leben der Inkarnierten Engel, soweit es sich um Geben und Nehmen handelt. Wer hört *ihren* Problemen zu?

Wie an früherer Stelle bereits erwähnt, kann es sein, dass Inkarnierte Engel zu gestörten Familien als deren Schutzengel »geschickt« wurden. Das führt oft dazu, dass sie sich total getrennt fühlen von ihrer Geburtsfamilie und sich sogar fragen, ob sie nicht vielleicht adoptiert wurden, da sie nichts mit ihren Familienmitgliedern gemeinsam haben. Diese Menschen fühlen sich für die Inkarnierten Engel nicht an wie »Familie« und in Wahrheit sind sie es auch nicht. Die Familienmitglieder sind die Fremd-Seelen, und die Inkarnierten Engel haben sich freiwillig verpflichtet, ihnen zu helfen, indem sie in einem menschlichen Körper geboren wurden und mit ihnen leben.

Die meisten Inkarnierten Engel sind unter einem der fixen astrologischen Sternzeichen geboren: Stier, Löwe, Skorpion und Wassermann. Personen dieser Sternzeichen sind bekannt für ihre Sturheit; ihren Widerstand gegen Veränderung; ihren Wunsch, Pläne für die Zukunft zu machen; und für ihr Bedürfnis nach Garantien für die Zukunft. Gleichzeitig sind sie jedoch fokussierte und zuverlässige Arbeiter, die schwierige Aufgaben annehmen und sie auch zu Ende führen.

Mit ihrer Tendenz, das Gute und schlummernde Potenzial in anderen Menschen zu sehen, kombiniert mit den Eigenschaften ihres fixen Sternzeichens, bleiben Inkarnierte Engel oft in ungesunden Beziehungen, anstatt sich von dem Partner zu trennen. Sie harren auch dann noch aus, wenn jeder normale Mensch schon längst gegangen wäre.

Pamela, ein Inkarnierter Engel, beschreibt das Muster ihrer Liebesbeziehungen mit folgenden Worten: »Ich ziehe Männer an, die ein verwundetes Herz haben und Heilung brauchen. Ich bleibe trotz aller Schwierigkeiten optimistisch und glaube, dass sie geheilt werden und dass meine Liebe sie transformieren wird; doch irgendwie passiert das nie. Es fällt mir sehr schwer, diese Beziehungen zu beenden, und ich brauche lange, um den Schmerz und die Trennung zu verarbeiten.«

Weibliche Inkarnierte Engel lassen sich oft schnell auf Beziehungen ein und können schon bald nach dem ersten Rendezvous beschließen, mit dem betreffenden Mann eine ernsthafte Liebesbeziehung einzugehen, zu heiraten oder mit ihm zusammenzuziehen. Elizabeth, ein anderer Inkarnierter Engel, sagt dazu: »Ich lasse mich immer sofort ganz auf den Mann ein, auch wenn es Dinge an ihm gibt, die mir nicht gefallen. Es fällt mir schwer, mich einfach unverbindlich mit ihm zu treffen.«

Da Inkarnierte Engel beiderlei Geschlechts sich Hals über Kopf in die Ehe stürzen und bereits in sehr jungen Jahren zum ersten Mal heiraten, ist es nicht ungewöhnlich, dass sie mehrmals heiraten oder eheähnliche Beziehungen eingehen. Viele Inkarnierte Engel, die ich für dieses Buch befragt habe, waren schon zum dritten oder vierten Mal verheiratet. Ungefähr alle zehn Jahre hatten sie einen neuen Ehemann bzw. eine neue Ehefrau. Auch hier ist Elizabeth Taylor ein typisches Beispiel.

Viele Inkarnierte Engel haben Schwierigkeiten, ungesunde Beziehungen mit Liebhabern, Freunden oder Familienmitgliedern, die sie schlecht behandeln, zu beenden. So wie zwanghafte Spieler glauben auch sie, dass die Beziehung irgendwann funktionieren wird, wenn sie es nur weiter versuchen. Inkarnierte Engel leben nach der Goldenen Regel und möchten andere Menschen nicht einfach im Stich lassen – denn sie haben große Angst davor, selbst im Stich gelassen zu werden. Außerdem geben sie nur ungern ihren wahren Bedürfnissen und Gefühlen Ausdruck. Was dazu führt, dass Inkarnierte Engel im Stillen unter ihren Beziehungen leiden und sich selbst daran die Schuld geben. Irgendwann erreichen sie dann den Punkt, wo sie die Situation nicht länger ertragen können. Das ist der Moment, wo der Inkarnierte Engel den anderen Menschen entweder verlässt oder wegstößt.

Inkarnierte Engel gehen oft ungesunde Freundschaften und Liebesbeziehungen ein, in denen sie der Gebende sind und der andere der Nehmende.

Freundschaften basieren auf gegenseitigem Geben und Nehmen, doch bei den Inkarnierten Engeln sind diese Arten von Beziehungen in der Regel einseitig, wobei sie immer die Helfer sind und nie diejenigen, denen Hilfe zuteil wird. Es wird davon ausgegangen, dass die Inkarnierten Engel in jeder Art von Beziehung die Starken sind, während die »Freunde« das Recht auf unbegrenzte, kostenlose Beratungen, Heilungssitzungen und hellsichtige Readings haben.

Irgendwann sind die Inkarnierten Engel aufgrund dieser einseitigen »Freundschaften« völlig ausgebrannt. Sie erkennen, dass ihre »Freunde« in Wahrheit nicht das geringste Interesse an ihnen haben, außer wenn es darum geht, wie der Inkarnierte Engel ihnen helfen kann. Die Inkarnierten Engel fühlen sich jedoch unter Umständen in einem Labyrinth von Schuldgefühlen gefangen, so als würden sie ihre Freunde im Stich lassen, obwohl diese sie brauchen; hinzu kommt, dass das »Gesetz der Anziehung« dazu führt, dass die Inkarnierten Engel ihr Interesse an Freunden verlieren, die nicht ihre Überzeugungen und Glaubenssätze teilen.

Es hilft den Mitgliedern dieser Gruppe von Erden-Engeln, wenn sie Unterstützung bekommen, vor allen Dingen von anderen Engeln, die sie verstehen. In den USA bieten die 12-Schritte-Gruppen *Al-Anon* und *Co-Dependants Anonymous* wunderbare Unterstützung für Inkarnierte Engel, die versuchen, ihre Beziehungen zu heilen. In Deutschland können Sie vielleicht über das Internet Verbindung zu ähnlichen

Gruppen finden. Auch Lerngruppen für den *Kurs in Wundern* sind eine ausgezeichnete Möglichkeit, um von Schuldgefühlen zu genesen. Inkarnierte Engel sind wahrscheinlich bei jedem Ereignis oder an jedem Ort anzutreffen, wo es um Engel geht, wie beispielsweise Engel-Seminare, Engel-Läden oder Lesezirkeln, die sich mit Texten über Engel beschäftigen.

Jede Beziehung ist eine »Aufgabe« oder ein »Auftrag«, mit dem Potenzial für beide Partner, zu lernen und zu wachsen. In Beziehungen ist niemand ein Opfer – alle Beziehungen haben wir selbst gewählt, entweder bewusst oder auf einer Seelenebene.

Der Inkarnierte Engel Nicole sagt dazu:

»Ich habe vier eheähnliche Beziehungen gehabt und alle vier Männer waren emotional verschlossen und haben mich schlecht behandelt. Sie waren alkohol- bzw. drogenabhängig und haben mich betrogen. Obwohl meine Freunde und Familie dachten, ich sei jedes Mal das arme Opfer, wusste ich, dass sie alle nie in der Lage waren, das zu sehen, was ich in den Seelen dieser Männer sehen konnte. Ich wusste, dass ich ihnen auf irgendeiner Ebene half, ihre Vibration zu erhöhen.

Meine letzte Beziehung war die schwierigste und schmerzhafteste. Eines Tages schaute ich aus dem Fenster und sagte Gott, dass ich nicht länger in dieser Beziehung bleiben konnte. In diesem Augenblick hörte ich die Engel, wie sie zu mir sagten: ›Wir wissen, dass es schmerzhaft für dich ist; doch bitte halte noch ein wenig länger aus.‹ In diesem Moment fühlte ich mich total geliebt und hatte die Kraft, meine Arbeit mit diesem Mann zu Ende zu bringen. Der Mann, mit dem ich heute lebe, ist mein Seelengefährte, der sich auf seinem spirituellen Weg befindet. Er weiß, dass ich ein Erden-Engel bin, und er liebt mich genau so, wie ich bin.«

Breiten Sie Ihre Flügel aus und fliegen Sie!

Die Augen eines Inkarnierten Engels sind erfüllt von Mitgefühl und Liebe. Der Widerschein eines persönlichen Schmerzes ist nicht zu übersehen, doch überwiegt der Blick göttlicher Liebe. Inkarnierte Engel sehen jenseits der Oberfläche und erkennen das Potenzial in jedem Menschen. Im Gegensatz dazu reflektieren die Augen eines Inkarnierten Elementargeistes reinen, spielerischen Übermut; und die Augen eines Inkarnierten Weisen haben den eindringlichen und in weite Fernen sehenden Blick hart erarbeiteter Lektionen.

Inkarnierte Engel sind mit den klassischen Gesichtszügen von Engeln gesegnet, die immer wieder von Malern festgehalten wurden. Sie sehen alle aus wie Engel, egal ob sie männlich oder weiblich sind. Mit ihren süßen Gesichtern und ihrer sanften Disposition nennen andere Menschen sie »Engel«, ohne die tiefe Wahrheit dieser Aussage zu erkennen. Wie Pamela sagt: »Viele Menschen sind schon zu mir gekommen und haben gesagt: ›Du siehst genauso aus wie ein Engel‹ oder: ›Du hast so etwas Engelhaftes.‹

Oft handelt es sich dabei um Personen, die weder meine Arbeit kennen noch meine Liebe für alles, was mit Engeln zu tun hat.« Viele Menschen berichten, dass sie mit ihren inneren Augen riesige Flügel aus Federn gesehen haben, die sich aus den Schulterblättern Inkarnierter Engel erstrecken, und ein schimmerndes weißes Licht, das von ihren Körpern ausstrahlt.

Wie bei den anderen Gruppen der Erden-Engel ist es auch für die Inkarnierten Engel wichtig, ihr inneres Licht leuchten zu lassen, selbst wenn sie Angst davor haben, sich lächerlich zu machen oder abgelehnt zu werden. Ein Inkarnierter Engel sagt dazu: »Es gibt einen Teil von mir, der möchte manchmal seine Engelsflügel zusammenfalten und seine wahre Identität verstecken. Das manifestiert sich darin, dass ich hin und wieder Heilungssitzungen absage oder die Deadline für eine Anzeige versäume, mit der ich für meine Praxis werbe.«

Wenn Inkarnierte Engel jedoch ihre Flügel ausbreiten und fliegen, ist dies ein Anblick erhabener Schönheit. Der Inkarnierte Engel Judi hat erkannt, wie wichtig es ist, alle ihre Ängste aufzugeben und ihren Schutzengeln zu überlassen:

»Heute weiß ich, dass ich mich definitiv auf dem richtigen Weg befinde. Alle meine Herzenswünsche manifestieren sich jetzt, wo ich mein Leben in den Dienst der Engel gestellt habe. Nichts kann mir das jemals nehmen. Meine Lebensaufgabe und mein Weg sind mir nie klarer oder lohnenswerter erschienen. Ich habe so viele Jahre lang gekämpft, und heute habe ich die meiste Zeit das Gefühl, als schwebe ich auf einer Wolke!«

Die richtige Arbeit für Inkarnierte Engel

Inkarnierte Engel fühlen sich oft zu den Heilberufen hingezogen und sind wunderbare Heiler, Berater (traditionell oder nichttraditionell) und Lehrer oder arbeiten in Bereichen, die mit Reisen zu tun haben. Die meisten Inkarnierten Engel ziehen die individuelle Beratungstätigkeit unter vier Augen dem Arbeiten in einer Gruppensituation vor, und öffentliche Vorträge zu halten ist ihnen eher ein Gräuel. Sie eignen sich hervorragend für alle möglichen Jobs in großen Unternehmen, vorausgesetzt die Geschäftsleitung zeichnet sich durch eine einwandfreie Arbeitsethik aus und handelt entsprechend. Inkarnierte Engel fühlen sich hundeelend, wenn sie für unmoralische Vorgesetzte oder Firmen arbeiten müssen.

Anleitungen und Vorschläge für Inkarnierte Engel

Falls Sie ein Inkarnierter Engel sind, wird Ihr Leben auf der Erde friedlicher und erfolgreicher sein, wenn Sie sich immer daran erinnern, Folgendes zu tun:

• **Kreieren Sie einen Schutzschild aus Energie und Licht um sich herum, insbesondere bevor Sie jemandem helfen.** Dies wird Ihr Bedürfnis verringern, sich zu überessen und auf diese Weise mit einer Schicht zusätzlichen Körpergewichts zu schützen.

• **Warten Sie einen Augenblick, bevor Sie »Ja« sagen.** Anstatt automatisch jede Bitte um Hilfe mit »Ja« zu beantworten, geben Sie sich selbst ein wenig Zeit zum Meditieren und denken Sie darüber nach, ob das, worum Sie gebeten werden, tatsächlich Teil Ihrer Aufgabe und Ihres Herzenswunsches ist. Wenn die Leute Sie um etwas bitten, sagen Sie ihnen: »Lass mich darüber nachdenken« oder: »Ich werde dir Bescheid geben.« Die Betreffenden werden die Tatsache respektieren, dass Sie auf sich selbst achten und sich zuerst Klarheit verschaffen.

• **Machen Sie regelmäßige kardiovaskuläre Übungen.** Dies wird Ihnen bei der Bewältigung von Stress und Gewichtsproblemen helfen und ist wichtig, damit das Herz des Inkarnierten Engels gesund bleibt.

• **Bringen Sie Ihr *Geben-und-Nehmen*-Kontingent ins Gleichgewicht.** Sorgen Sie dafür, *sich selbst* regelmäßig etwas Gutes zu tun.

• **Lassen Sie alle Regeln sausen, die Ihre Mission behindern.** Achten Sie darauf, ob Sie irgendwelche persönlichen »Regeln« haben, denen sie folgen, ohne sie in Frage zu stellen, wie zum Beispiel: »Ich werde besser nicht zu erfolgreich oder die Leute werden eifersüchtig und neidisch auf mich sein und wegen dieser Eifersucht Schmerz empfinden.« Hinterfragen Sie Ihre Regeln, indem Sie wissen wollen: »Ist diese Regel *gut* für meine Mission oder arbeitet sie dagegen?«

- **Delegieren Sie.** Bitten Sie um Hilfe, ohne sich dafür zu entschuldigen.

- **Nehmen Sie alles Gute, das Ihnen entgegengebracht wird, dankbar an.** Erlauben Sie anderen Menschen, Ihnen sowohl Hilfe zukommen zu lassen als auch Geschenke und Komplimente.

- **Spielen Sie!** Erlauben Sie Ihrem inneren Kind viel Zeit, um albern zu sein, frei, spielerisch und kreativ.

Viertes Kapitel

Inkarnierte Elementargeister

Dies ist eine der am leichtesten zu erkennenden Gruppen in den fünf Kategorien. Wie die Inkarnierten Engel so sehen auch die Elementaren physisch genauso aus wie ihre spirituellen Namensvettern – das bedeutet Feen, Elfen, Kobolde, Gnome, Meerjungfrauen, Delphine, Inkarnierte Tiere und Einhörner. Neben den uns allen gemeinsamen Schutzengeln haben Inkarnierte Elementare zusätzlich Feen als ihre besonderen Schutzgeister.

Mitglieder dieser Gruppe haben überdurchschnittlich oft rötliches Haar (von kräftigem Rot über Rotbraun bis Erdbeerblond) und eine keltische Herkunft oder entsprechende Merkmale, wie zum Beispiel rötliche Gesichtshaut oder Sommersprossen.

Engel oder Elementargeist?

Vielleicht haben Sie sich im vorigen Kapitel als Inkarnierter Engel erkannt. Dennoch identifizieren Sie sich auch stark mit den Beschreibungen der Elementaren. Falls Sie verwirrt sind und nicht wissen, ob Sie ein Inkarnierter Engel oder ein Elementargeist sind, finden sie unten vier Fragen, die Sie sich selbst stellen können und die Ihnen vielleicht helfen werden, zwischen diesen beiden Bereichen zu unterscheiden und sich Klarheit zu verschaffen:

1. Was empfinde ich bezüglich Regeln jeder Art? Wenn Sie ein Inkarnierter Engel sind, befolgen Sie Regeln normalerweise gerne und ärgern sich über Menschen, die sie brechen. Sollten Sie jedoch ein Inkarnierter Elementargeist sein, können Sie Regeln nicht ausstehen und denken, dass Leute, die Regeln befolgen, Schwächlinge sind.

2. Blitzt mir der Schalk aus den Augen? Elementare sind vergnügungsorientierte Wesen, jederzeit zu Scherzen aufgelegt und immer bereit zum Lachen. Wenn Sie sich fragen, ob Sie ein Engel oder ein Elementargeist sind, bitten Sie einen guten Freund, Ihnen zu sagen, ob Ihnen der Schalk aus den Augen blitzt. Dies ist eine Eigenschaft, die bezeichnend ist für Inkarnierte Elementare.

3. Welche Art von Flügeln habe ich? Engel haben Flügel aus Federn, während viele Elementare mit Schmetterlings- oder Libellenflügeln ausgestattet sind. Die einzige Ausnahme sind Inkarnierte Meerengel, die halb Engel und halb Meerjungfrauen sind; und auch Inkarnierte Einhörner, die manchmal vogelähnliche Flügel aus Federn haben. Diese Flügel sind jedoch ätherisch und nicht mit dem physischen Auge sichtbar.

Um Ihren Flügeltyp festzulegen, fragen Sie entweder jemanden mit hellsichtigen Fähigkeiten oder gehen Sie nach innen und fühlen Sie selbst nach. Fokussieren Sie sich auf Ihre Schulterblätter und fühlen oder sehen Sie (mit Ihren inneren Augen), ob die Flügel riesige, engelähnliche Ausläufer sind oder mehr wie herrliche, vibrierende Schmetterlings- oder Libellenflügel aussehen.

Achten Sie auch auf Ihren Körperbau: Inkarnierte Elementare zeichnen sich durch schlanke, zuweilen dünne Körper aus (mit der Ausnahme der kurvenreichen Meerengel), einen schnellen Stoffwechsel und ein empfindliches Nervensystem; während Inkarnierte Engel üppige Körper, einen langsamen Stoffwechsel und ein sanftes, ausgeglichenes Naturell haben.

4. Wie stehe ich zum Thema »Sucht«? Die meisten Inkarnierten Engel sind co-dependent, d.h., sie haben unverhältnismäßig oft Beziehungen mit suchtkranken Menschen, aus denen sie sich nur schwer lösen können, während die Elementaren selbst die Süchtigen sind. Elementare lieben Partys und alles, was dazugehört; Engel lieben es, die Gestrauchelten zu retten! Die Ausnahme sind Inkarnierte Engel, die süchtig nach Essen sind – eine oft anzutreffende Schwäche in dieser Gruppe.

Andere unterscheidende Eigenschaften

Manchmal sind sich Inkarnierte Elementare nicht sicher, ob sie nicht in Wahrheit der Ebene der Inkarnierten Weisen entstammen. Der Grund dafür ist, dass Elementare eine lange zurückreichende Geschichte und vielfältige Beziehungen mit Hexenmeistern, Hexen, Zauberinnen etc. haben. Daher fühlen sich die Weisen für die Elementaren sehr vertraut an. Schließlich waren die Elementaren anwesend, als die Hexen verbrannt wurden, und es kann gut sein, dass sie einen Rest von Schmerz aus dieser Zeit in ihrer Seele tragen, obgleich sie selbst nicht getötet wurden. Vielleicht haben sie Erinnerungen an diese Verbrennungen und verwechseln sie mit Erinnerungen aus ihren eigenen Lebenszeiten. Der hauptsächliche Unterschied zwischen den beiden Gruppen besteht darin, dass die Elementaren wesentlich verspielter sind als die Weisen, die dazu neigen, extrem ernsthaft oder sogar nüchtern und streng zu sein.

Tatsächlich bringen sich die Inkarnierten Elementaren mit ihrem gewagten Sinn für Humor oft selbst in Schwierigkeiten. Vielleicht ist der Zeitpunkt ihrer Scherze schlecht gewählt oder sie sind beleidigend, zeugen von schlechtem Geschmack oder sind einfach unangebracht. Doch eine der Aufgaben der Inkarnierten Elementaren besteht darin, die Welt dazu zu bringen, die Dinge leichter zu nehmen, zu lächeln und zu lachen – und sei es auf ihre eigenen Kosten.

Im spirituellen Königreich der Elementargeister feiern die Feen, Elfen und andere Wesen jede Nacht

Feste, angefüllt mit Tanzen, Singen, Geschichtenerzählen und Lachen. Sie kennen den spirituellen Wert der Verspieltheit und Freude! Es ist nicht überraschend, dass auch ihre menschlichen Gegenstücke wissen, wie sie sich vergnügen können. Inkarnierte Elementare werden oft professionelle Entertainer, unter anderem Komödianten, Schauspieler, Tänzer und Musiker. Einige Beispiele für diese Gruppe sind Carol Burnett, Ellen DeGeneres, Robin Williams, Red Skelton und Julia Roberts.

Beziehungs-Themen für Inkarnierte Elementare

Die Elementaren hatten genug von den Attacken der Menschen auf die Natur, die Tiere und die Umwelt. Sie konnten als die kleinen geistigen Wesen, die sie waren, nichts ausrichten, also beschlossen sie, menschliche Körper anzunehmen und als Menschen zu leben, um sowohl mehr Macht und Mitspracherecht zu haben beim Reinigen der Luft, des Wassers und der Erde selbst, als auch, um den Tieren zu helfen.

Um die Wahrheit zu sagen, ziehen Elementare die Gesellschaft von Tieren oder Pflanzen der Gesellschaft anderer Menschen vor. Sie empfinden tief in ihrem Inneren Groll gegenüber der menschlichen Rasse, weil diese dem Planeten so brutal zugesetzt hat. Von Elementargeistern wird gesagt, sie seien grausame Scherzbolde, doch richten sie ihren wilden

Schabernack nur gegen Menschen, die sich der Umwelt gegenüber respektlos verhalten. Andererseits lieben sie es, Menschen zu helfen, die recyclen, umweltfreundliche Reinigungsprodukte verwenden, Tiere liebevoll behandeln und Mutter Natur respektieren. Einige der rauen Scherze der Elementaren sind passiv-aggressiv und rühren von ihrem Mangel an Respekt gegenüber dem verschwenderischen, rücksichtslosen Verhalten der Menschen her.

In Liebesbeziehungen fühlen sich die Partner zu den Inkarnierten Elementaren nicht zuletzt aufgrund ihrer komödiantischen, musischen oder künstlerischen Fertigkeiten hingezogen. Doch nach kurzer Zeit werden die Inkarnierten Elementaren von ihren Liebespartnern häufig als »görenhaft«, »unreif«, »nicht beziehungsfähig« oder »stur« bezeichnet. Sie legen die gleichen Eigenschaften an den Tag wie winzige Elfen, Feen, Gnome und Ähnliches. Die Bewohner des spirituellen Königreichs der Elementargeister sind oft kokett und wechseln häufig den Partner. Inkarnierte Elementare können unter Umständen in ihren Beziehungen die gleichen Eigenschaften aufweisen.

Die Elementaren sind weit weniger menschenorientiert als Inkarnierte Engel. Sie tun sich gerne mit Menschen zusammen, um Partys zu feiern und sich zu vergnügen, doch hinterher wollen sie allein gelassen werden. Elementare neigen darüber hinaus zu Drogenmissbrauch und Suchtverhalten. Im Wesentlichen kann also gesagt werden, dass Inkarnierte Engel Süchtige heiraten, während Inkarnierte Elementare die Süchtigen *sind*.

Viele Inkarnierte Elementare üben helfende Berufe aus, die den Umgang mit anderen Menschen einschließen, doch in der Regel liegt dies daran, dass sie den inneren »Ruf« dazu verspüren. Wie der Hobbit Frodo im Buch und Film *Der Herr der Ringe* sind auch Inkarnierte Elementare widerstrebende Helden, die den Menschen helfen, weil sie ihnen helfen *müssen*, und nicht unbedingt deswegen, weil sie ihnen helfen *wollen*.

Sie brauchen eine Menge Raum und viel Zeit zum Alleinsein, vor allen Dingen draußen in der freien Natur. Elementare können scheu und sehr privat sein, selbst wenn sie bei gesellschaftlichen Anlässen extrovertiert sind. Sie scheinen sehr offen bezüglich ihres Privatlebens zu sein, doch gleichzeitig spürt man eine Reserviertheit, die sie davon abhält, ihre tiefsten Geheimnisse zu enthüllen – es sei denn, sie vertrauen einem Menschen rückhaltlos; doch das ist sehr selten. Die Elementaren können eine »Aus-den-Augen-aus-dem-Sinn«-Mentalität bezüglich der Menschen in ihrem Leben haben. Mit anderen Worten: Wenn Inkarnierte Elementare eine Beziehung beenden, dann ist sie *wirklich* beendet.

Inkarnierte Elementare haben gelernt, den Menschen zu signalisieren, wann sie nicht gestört werden wollen. Evie spricht für viele Elementare, wenn sie sagt: »Früher kamen oft fremde Menschen auf mich zu und erzählten mir von ihren Schwierigkeiten, doch im Laufe der Jahre habe ich mich mehr und mehr verschlossen, weil es mir so große Probleme machte, die Sorgen anderer Menschen auf mich zu nehmen.«

Inkarnierte Elementare sind Clowns, wenn sie sich wohl fühlen, insbesondere wenn sie sich in Gesellschaft von anderen spaßliebenden Inkarnierten Elementaren befinden. In gestörten Familien können sie die Rolle des »Maskottchens« spielen und der Familie helfen, die Dinge leichter zu nehmen und sich besser zu fühlen. Jedoch sind Inkarnierte Elementare sehr empfindsam gegenüber jeder Form von Ablehnung oder Missbilligung und können sehr introvertiert, scheu oder zuweilen sogar einzelgängerisch werden, wenn sie sich in der Gesellschaft anderer Menschen nicht »sicher« fühlen.

Verglichen mit den Bereichen der anderen Erden-Engel, sind die Inkarnierten Elementaren eine physisch robuste Gruppe, die selten über gesundheitliche Probleme klagt, was vielleicht daran liegt, dass Elementare mehr dazu neigen als andere, ihre Zeit in der Natur zu verbringen, zu wandern und bei Sonnenschein an der frischen Luft Sport zu treiben. Oder es mag daran liegen, dass der Optimismus der Elementaren dazu führt, dass sie gesundheitliche Störungen minimalisieren oder verleugnen. Das einzige auffallende Krankheitsmuster bei den von den Inkanierten Elementaren ausgefüllten und mir zugeschickten Fragebögen war die unverhältnismäßig große Anzahl von Depressionen und nicht wenige von ihnen berichteten von Kindheits-Asthma. Diese Angaben stimmen mit Berichten überein, dass Feen und Gnome äußerst empfindsam sind gegenüber Chemikalien in der Luft und dass sie Pestizide in ihren Gärten und Nahrungsmitteln vermeiden müssen. Ein anderer Grund für Kindheits-Asthma bei den Elementaren könnte auch Klaustrophobie sein, wenn sie zu viel Zeit in Häuser und Wohnungen verbringen müssen anstatt draußen, da die Elementar-Seele besonders viel frische Luft zum Atmen und Gesundsein braucht.

Manifestation und Magie

Die spirituellen Elementargeister wissen, wie sie alle ihre Bedürfnisse manifestieren können. Dies ist ein Grund, warum sie ihre Aufgaben, wie zum Beispiel ihre liebevolle Fürsorge für Blumen und Pflanzen, mit spielerischer Freude erledigen. Die Elementaren wissen, dass es nicht nötig ist, hart zu arbeiten, um kreative Resultate zu erzielen – Intention und Aufrichtigkeit sind wichtiger.

Inkarnierte Elementare scheuen oft harte Arbeit und werden daher zuweilen als Bummelanten angesehen, die sich lieber amüsieren als zu arbeiten. Sie erinnern sich unbewusst an Inkarnationen im spirituellen Königreich der Elementargeister, wo sie materielle Bedürfnisse (Nahrung, Kleidung, Gold, ein Dach über dem Kopf und so weiter) aus dem Nichts manifestieren konnten.

Als Resultat fühlen sich viele Inkarnierte Elementare in der alltäglichen Arbeitswelt der Menschen als Außenseiter, was dazu führt, dass sie einen Zustand der Armut und des Mangels für sich selbst manifestieren. Die Inkarnierten Elementaren, die ich bislang getroffen habe, scheinen entweder sehr wohlhabend – oder arm zu sein. Selten begegnen mir Elementare, die finanzielle Sicherheit erreicht haben, es sei denn, sie arbeiten bewusst mit einem Prozess der Manifestation, wie er zum Beispiel in dem Buch *The Abundance Book* von John Randolph Price beschrieben wird. Dann beginnt die Magie! Elementare – genau wie die Mitglieder des Bereiches der Inkarnierten Weisen – besitzen wahrhaft magische Manifestations-Fähigkeiten! Wenn sie aktiviert werden, können diese Fähigkeiten sowohl die Zeit als auch physische Gesetze »biegen« und zu sofortigen Manifestationen und Wundern führen.

Inkarnierte Elementare haben Feen, Elfen oder Gnome als geistige Führer um sich, und sie können diese wohlwollenden Helfer jederzeit anrufen, indem sie einfach nur denken: *Bitte helft mir!*

Elementare und Natur

Die meisten Inkarnierten Elementaren werden unter einem astrologischen Sonnenzeichen der »Erde« oder des »Wassers« geboren; also entweder unter Stier, Steinbock, Jungfrau, Krebs, Fische oder Skorpion. Sie sind echte Erden-Menschen, mit einem tiefen Wissen um die Seele der Erde. Es fällt ihnen sehr schwer, lange in irgendwelchen vier Wänden zu bleiben, egal wie behaglich sie sein mögen.

Während Inkarnierte Engel sich bei der Arbeit in großen, fensterlosen Gebäuden durchaus wohl fühlen, wäre dies für einen Inkarnierten Elementargeist der Tod. Sie *müssen* sich in der freien Natur bewegen können, sonst werden sie depressiv. Die glücklichsten Elementaren sind diejenigen, die einen Job in der Natur für sich manifestieren, wie zum Beispiel als Wanderführer, Betreuer bei Zeltlagern, in Baumschulen, als Förster oder indem sie Hunde ausführen.

Wenn Inkarnierte Elementare in geschlossenen Räumen arbeiten müssen, sollten sie dafür sorgen, ein Büro mit einem Fenster zu bekommen, das den Blick auf einen Park oder eine Grasfläche frei gibt. In ähnlicher Weise sind Elementare am glücklichsten in Büros, die voll gestopft sind mit Palmen, Topfpflanzen und Blumen. Auch das Spielen von CDs mit Naturgeräuschen, wie beispielsweise dem Gesang von Vögeln, dem Rauschen der Meeresbrandung, Regen und Ähnliches, tut ihnen gut. Außerdem sollten sie in ihren Büros Fotos ihrer Lieblingstiere sowie Feen- und Elfen-Figuren aufstellen. Aromatherapie mit echten (nicht synthetischen) Pflanzen- und Blumenölen hilft den Elementaren, mit Mutter Erde in Verbindung zu bleiben, wenn sie sich drinnen aufhalten. (Diese Öle gibt es in den meisten Naturkostläden oder New-Age-Buchhandlungen.)

Ich möchte Inkarnierten Elementaren dringend ans Herz legen, während der Mittagspause draußen spazieren zu gehen, selbst wenn es kalt ist oder regnet. Elementare brauchen frische Luft mehr als alle anderen Erden-Engel; und diejenigen unter ihnen, die in einer Umgebung arbeiten, in der es weder Bäume noch Grasflächen gibt, könnten ihre Zeit damit verbringen, ihren Blick zu erheben und sich an den Wolkenformationen zu erfreuen, da Elementare den visuellen Kontakt mit der Schönheit der Natur brauchen. Die freie Natur ist ihre Kirche – es ist der Ort, wo sich Inkarnierte Elementare Gott am nächsten fühlen. Ein Inkarniertes Elementargeist namens C. C. sagt dazu:

»Wann immer ich mich in einer waldreichen Umgebung oder in der Nähe von Wasser aufhalte, gewinne ich neue Energie und fühle mich erfrischt, wie neugeboren. Ich setze mich unter einen Baum und kann die gute Energie der Erde spüren, wie sie durch mein Wurzelchakra in meinen Körper strömt. Am sichersten fühle ich mich, wenn ich ganz alleine in der Natur bin, ohne irgendwelche Störungen außer der sanften Berührung einer Brise oder dem Gesang der Vögel. Der Duft des Waldes scheint mir Kraft zu spenden und gibt mir ein natürliches Hochgefühl. Ich fühle mich dann, als könnte ich die ganze Welt erobern. Das ist eine Kommunion mit der Natur, wie sie besser nicht sein könnte. Die Wärme der Sonne ist wunderbar heilsam, und es ist etwas so Besonderes und ein solches Privileg, zu wissen, dass die Natur ihren Reichtum an Wissen mit mir teilt. Ich bin in der Lage, all die alltäglichen Sorgen und Problemchen zu vergessen. Ich kann mich neu sammeln und erden. So etwas ist in einer vielbelebten Umgebung einfach nicht möglich, nicht einmal in meinem wunderschönen Garten zu Hause. Es ist einfach nicht dasselbe.«

Die meisten Inkarnierten Elementaren, die ich befragt habe, konnten bestimmte natürliche Umgebungen nennen, wo sie gerne leben wollten, während die Mitglieder der anderen Bereiche der Erden-Engel hinsichtlich der Art von Umgebung, in der sie leben wollten, flexibler waren. Beinahe alle Inkarnierten Elementare sagten: »Ich *muss* in der Wüste leben«, »Ich *muss* in der Nähe des Meeres leben«, »Ich *muss* auf dem Land leben« und so weiter.

Wie bereits an früherer Stelle erwähnt, ziehen die Inkarnierten Elementaren die Gesellschaft von Tieren, Pflanzen, Blumen oder der Natur im Allgemeinen der Gesellschaft anderer Menschen vor. Ein Inkarniertes Elementargeist erinnert sich an seine Kindheit:

> »Ich war nie beliebt bei meinen Mitschülerinnen, so viel steht fest. Ich liebte die Natur und das hat sich bis heute nicht geändert. Ich habe unzählige Stunden damit verbracht, unter den siebzehn Fichtenbäumen zu spielen, die unser Grundstück umgaben. Ich zog es vor, in und mit der Natur zu spielen. Ich liebte plätschernde Bäche und das Hüpfen von einem Stein zum anderen, um ans gegenüberliegende Ufer zu kommen.«

Tief in ihrer Seele sind Inkarnierte Elementare wütend auf die Menschen, weil sie die Erde so lieblos behandeln und kein Interesse daran zu haben scheinen, sie wieder in einen Zustand der Gesundheit und des Gleichgewichts zu bringen. Es gibt jedoch eine Ausnahme, und die ist dann gegeben, wenn sie einen verständnisvollen und verspielten Kameraden finden, oftmals in Form eines anderen Inkarnierten Elementargeistes.

Da Elementare beschließen zu inkarnieren, um mehr Einfluss und Macht zu haben, wenn es darum geht, den Königreichen der Pflanzen, Mineralien und Tiere zu helfen, hat ihre Lebensaufgabe fast immer etwas mit Umweltangelegenheiten oder mit Tierschutz zu tun. Dies kann bedeuten, dass sie anderen Menschen diese Werte vermitteln oder sich direkt in Kampagnen, Forschungsarbeiten, unmittelbare Fürsorge der Not leidenden Natur oder bei Reinigungsarbeiten der Umwelt engagieren.

Tatsächlich ist es wichtig für Inkarnierte Elementare, sich in irgendwelchen Umwelt- oder Tierschutzorganisationen zu engagieren, um einen Sinn in ihrem Leben zu finden. Darüber hinaus fühlen sich die Elementaren am besten, wenn sie persönliche Schritte zur Verbesserung der Umweltsituation vornehmen, wie zum Beispiel Recycling oder die Verwendung sanfter, für die Umwelt unschädlicher Reinigungsprodukte, die man in Naturkostläden kaufen kann.

Als ich ein Inkarniertes Elementargeist fragte, was sie als ihre Lebensaufgabe betrachtete, reflektierte ihre Antwort viele der Elementaren, die ich kennen gelernt und interviewt habe:

> »Meine Aufgabe besteht darin, anderen Menschen zu zeigen, wie sie die Erde und die Kreaturen, die auf ihr leben, schützen können. Ich sehe Proble-

me auf den Planeten zukommen, die mit der Gier und Selbstüberschätzung des Menschen zu tun haben. Wir müssen alles tun, was in unseren Kräften steht, um den Planeten und die Tiere zu retten, bevor es zu spät ist. So vieles ist bereits jetzt für immer verloren. So viel ist in Gefahr! Viele unserer Mit-Kreaturen verlieren den Wettlauf mit der Zeit, weil der Mensch denkt, er sei besser als die anderen Lebewesen, mit denen er die Erde teilt. Falls wir fortfahren, abzureißen und zuzuschütten, wegzuschmeißen und auszurotten, können wir keinen Dank erwarten für die Ödnis, die dann noch übrig bleibt.«

Jeder Erden-Engel-Bereich weist einen hohen Grad an Kreativität auf. Es ist daher nur logisch, dass Inkarnierte Elementare aus natürlichen Materialien Kunstwerke kreieren. Eine Inkarnierte Fee sagte mir: »Ich arbeite liebend gern mit Blüten, Pflanzenschoten, Blättern, Tannenzapfen, Nüssen und getrockneten Blumen, um Dekorationen und Ornamente daraus zu machen. Ich habe seit meiner Kindheit für die Kleinen Miniatur-Wohnlandschaften und Möbel für draußen gebaut.«

Leidenschaftliche Beschützer der Natur

Da die Elementaren Gottes Natur-Engel sind, ist es nicht überraschend, dass Inkarnierte Elementare sich extrem zum Schutz der Tiere, Pflanzen, des Erdbodens und des Wassers einsetzen. Viele der Inkarnierten Elementaren, die für dieses Buch Rede und Antwort gestanden haben, sagten mir, dass sie persönlich Verletzungen oder Vergeltung riskiert hatten, um ein Tier, einen Baum oder andere Elemente in der Natur zu schützen:

E.J. schreibt: »Mich packt der Zorn, wenn andere Menschen Mutter Erde und ihre Lebewesen missachten. Wenn ich mit Freunden im Auto unterwegs bin und einer von ihnen wirft eine Zigarettenkippe aus dem Fenster, halte ich an und fordere den Betreffenden auf, auszusteigen, die Zigarette aufzuheben und sie auf die richtige Weise zu entsorgen.«

Devon (nicht ihr richtiger Name) erinnert sich:

> »Eines sonnigen Tages saß ich in meinem schönen Büro mit seinen wandhohen Fenstern. Ich schaute hinaus auf die herrlichen Bäume, Büsche und rollenden Hügel jenseits des Parkplatzes und bemerkte einen fremden Lastwagen, der gerade auf den Parkplatz einbog. Ein Mann, der nicht in unserem Gebäude arbeitete, hatte angehalten, um seinen Lunch zu essen, was eigentlich kein Problem war. Als er jedoch seinen großen Plastiktrinkbehälter in einen blühenden Busch warf, war es, als hätte er einen Menschen geschlagen. Als ich das sah, kochte in mir sofort eine Art urzeitlicher Wut hoch (ich bin normalerweise ein ruhiger, entspannter Mensch, den so leicht nichts aus der Ruhe bringt). Ich schnappte mir eine Kollegin und zischte ihr zu:

›Komm mit mir nach draußen!‹ Ich nehme an, ich brauchte moralische Unterstützung für das, was ich zu tun gedachte.
Ich rannte zu dem Wagen und schrie den Mann an: ›Was sind Sie für ein Mensch, dass Sie Ihren Unrat einfach in den Busch werfen?!‹ Er grinste mich nur verächtlich an. Ich lief barfüßig über den mit Gebüsch bedeckten Weg bis zu dem Busch und holte den Plastikbehälter, wobei ich mir ziemlich die Beine aufkratzte. In einem Augenblick ungezügelter Wut warf ich den Behälter durch das offene Fenster seines Wagens und schrie ihn an, sofort zu verschwinden, sonst würde ich die Polizei holen. Er fuhr mit quietschenden Reifen vom Parkplatz herunter und rief mir Flüche nach, während er davonbrauste.
Meine Kollegin starrte mich völlig schockiert an, da sie mich in den fünf Jahren, die sie mich kannte, noch nie in einem solchen Zustand erlebt hatte. Sie sagte: ›Das ist völlig verrückt! Er hätte eine Pistole zücken und dich erschießen können!‹
Ich sah, dass sie Recht hatte, doch es war mir egal. Ich war nicht bereit zuzulassen, dass mein Freund, der blühende Busch, auf diese Weise behandelt wurde – jedenfalls nicht, solange ich Zeugin eines solchen Verhaltens war.«

Pamela erinnert sich:

»Als ich ungefähr 19 Jahre alt war, wurde mir bewusst, dass ich eins war mit der Natur. Ich hatte eine Biene, die sich auf mein Fenstersims verflogen hatte, mit Fensterreiniger besprüht, als mir plötzlich der Gedanke durch Mark und Bein fuhr: *Welches Recht habe ich, die Biene zu töten?* Sofort nahm ich die Biene und trug sie nach draußen, legte sie auf den Boden und begann sie mit klarem Wasser abzuspülen. Meine Mutter dachte, ich hätte den Verstand verloren, als ich mich ehrfürchtig über eine tote Biene beugte in dem Versuch, sie wieder zu beleben. Seitdem habe ich nie mehr ein Insekt getötet. Kürzlich habe ich in meinem Appartement einen Schwarm Ameisen mit dem Besen zusammengekehrt und nach draußen gebracht. Dann bat ich die Ameisen höflich darum, nicht mehr in meine Wohnung zurückzukehren, und eine Woche später war dann auch die letzte Ameise verschwunden.«

Die verschiedenen Arten von Elementargeistern

Wie bereits erwähnt, sehen Inkarnierte Elementare genauso aus wie ihre Entsprechungen auf der geistigen Ebene der Elementargeister. Es handelt sich bei ihnen um größere Versionen von Feen, Kobolden, Gnomen und Ähnlichem. Hier sind ein paar Beispiele der verschiedenen Arten von Elementargeistern und Inkarnierten Elementaren:

• **Feen:** Jenny ist einen Meter fünfzig groß, mit einer schlanken Figur, einem hübschen Gesicht, großen Augen und langen, welligen Haaren, die ihr bis auf die Hüfte fallen. Alles an ihr schreit: »Fee!«, und Jenny sieht aus, als könnte sie ein Modell für Feen-Gemälde und Feen-Statuen sein. Außerdem ist sie einfach süß, bescheiden und scheu – genau wie eine Fee. Tatsächlich fühlt sich Jenny so mit dem Bereich der Feen verbunden, dass sie professionelle Engel- und Feen-Readings gibt, bei denen sie oft meine Orakelkarten aus dem *Heilorakel der Feen* benutzt. Sie rät ihren Klienten, Zeit in der freien Natur zu verbringen, um ihre Energien zu stärken, und fügt hinzu: »Und vergessen Sie nicht, immer wieder die Engel und Feen anzurufen, damit sie Ihnen in jedem Aspekt Ihres Lebens und Ihrer Mission helfen können. Und nehmen Sie sich selbst bitte nicht so furchtbar ernst! Bitten Sie die Feen, Ihnen zu helfen, Zauber, Entzücken und Magie in Ihre alltäglichen Erfahrungen und ganz allgemein in Ihr Leben zu bringen.«

• **Kobolde, Elfen und Brownies** *(Brownies sind vergleichbar mit unseren Heinzelmännchen und kommen insbesondere in England, Schottland und Wales vor; Anm. d. Übers.)*: Evie ist eine Sängerin und Liedermacherin mit einer leicht krummen Nase und kurzen, dunklen Haaren. Sie sagt: »Ich höre oft, dass ich wie ein Kobold aussehe. Meine Spitznamen, als ich klein war, lauteten ›Tinkerbell‹, ›Twinkletoes‹ und ›Teensy‹. Es passiert mir ständig, dass Leute nach meinen Vorstellungen zu mir kommen und mir sagen, dass sie glauben, ich sei ein Kobold; also denke ich, dass ich wohl einer sein muss.«

• **Gnome:** Sean (nicht sein wirklicher Name) ist ein Mann mit roten Haaren, einem roten Bart und einem dicken Bauch (er sieht aus, als hätte er ein kleines Kissen unter seinem T-Shirt – das in der Regel grün ist). Jeder, der ihn sieht, ist versucht zu denken: *Das ist ein echter Gnom*, weil er wie eine ein Meter achtzig große Version eines Gartenzwerges aussieht. Ich nenne Sean den »Botschafter des Spaßes«, wann immer er an meinen Seminaren teilnimmt, da er es meisterhaft versteht, die Menschen zum Lächeln und zum Lachen zu bringen. Außerdem ist Sean ein erfahrener Opernsänger, der bei meinen Seminaren und Workshops oft als Erster unser Erkennungslied »Let There Be Peace on Earth« oder einen anderen spirituellen Song mit seiner schönen, kräftigen Stimme anstimmt.

• **Delphine:** Gayle liebt Delphine und leitet regelmäßig Gruppenreisen, bei denen die Mitglieder in exotischen Gewässern mit wild lebenden Delphinen schwimmen können. Sie sieht sogar wie ein Delphin aus, mit ihrem geschmeidigen, gerundeten Körper und ihren ovalen Augen. Gayle leitet ein Swimmingpool-Unternehmen. Sie wurde unter dem astrologischen Sonnenzeichen der Fische geboren, einem Wasserzeichen. Sie sagt: »Ich liebe das Meer und *muss* Zeit in ihm verbringen, um meine Energien immer wieder aufzuladen. Ich liebe Delphine und

Wale und verbringe viele Stunden damit, mit ihnen im Ozean zu schwimmen. Ich habe meine geistigen Führer gefragt, warum ich mich so mit dem Meer verbunden fühle, und sie ließen mich wissen: ›Gayle, du *kommst aus dem Meer*.‹ Zuerst habe ich nicht verstanden, was das bedeuten sollte. Heute glaube ich, dass ich früher vielleicht einmal ein Delphin gewesen bin.«

• **Einhörner:** Brian (nicht sein richtiger Name) hat ein kräftiges, vorspringendes Kinn, hervorstehende Wangenknochen, große Augen und ein Gesicht wie gemeißelt. Brian trägt mit Vorliebe lange, fließende Hemden, die über seine Hose fallen, und auch sein Haar ist länger als allgemein üblich – beides Dinge, die an die fliegende Mähne eines Einhorns erinnern. Wenn man Brian genau anschaut, kann man ein herrlich gedrechseltes Einhorn sehen oder fühlen, das aus seiner Stirn ragt. Bei Readings sagen ihm die Hellseher, dass seine geistigen Führer Einhörner sind. Das überrascht Brian nicht, da er seit jeher eine Vorliebe für diese bemerkenswerten Geschöpfe hatte. Tatsächlich besitzt Brian viele Gegenstände, die mit dem Image eines Einhorns versehen sind. Seine Persönlichkeit ist die eines Jägers – er ist stets auf der Jagd nach spirituell orientierten Gelegenheiten und Beziehungen, und er manifestiert auf magische Weise neue Türen, die sich ihm öffnen. Brian sagt, er weiß, dass er ein Inkarniertes Einhorn ist – diese Information wurde ihm vor langer Zeit von seinen eigenen geistigen Führern und Engeln gegeben.

• **Meer-Engel, Meer-Feen und Sternen-Jungfrauen:** Inkarnierte Meerjungfrauen sind oftmals eine Mischung dieser Bereiche, wie beispielsweise die Meer-Engel (Meerjungfrauen mit Engelsflügeln), die Meer-Feen (Meerjungfrauen mit Feenflügeln) und die Sternen-Jungfrauen (Meerjungfrauen mit den Qualitäten der Sternen-Menschen). Inkarnierte Meerjungfrauen wachen über die Ozeane, Seen, Flüsse und Ströme der Welt, ebenso über die Fische, Tiere und Vögel, die in und bei den Meeren leben.

Pamela sieht wie eine wunderschöne, dunkelhaarige Meerjungfrau aus und hat das Gesicht eines exotischen Sternen-Menschen. Ich begegnete ihr zum ersten Mal bei meinem *Engel-Therapie*-Practitioner-Certification-Kurs in Florida. Am letzten Abend des Seminars sprang Pamela mit ihren Kleidern ins Meer. Während sie schwamm, sah sie genauso aus wie eine Meerjungfrau, und der Eindruck war noch überwältigender, als sie mit ihren langen tropfnassen Haaren und Kleidern den Fluten wieder entstieg und zu uns ans Ufer zurückkam.

Pamela sagt: »Ich nenne mich selbst ›Sternen-Meerjungfrau‹, da ich sowohl die Eigenschaften eines Sternen-Menschen als auch die eines Elementargeistes habe. Auch meine geistigen Führer und Engel haben diese Ahnenmischung bestätigt. Meine Träume und Visionen sind oft mit Bildern von Wasser und Sternen oder dem Weltall angefüllt. Schon als Kind fühlte ich mich immer zum Wasser hingezogen, war von ihm fasziniert. Für mich ist das Verwurzeltsein mit der festen Erde stets ein Problem gewesen. Auf dem

Land sind meine Füße und Knöchel schwach; ich leide immer wieder unter trockener Haut, schmerzhaften Ballen an den Füßen, manchmal Fußpilz und sogar Pilzerkrankungen der Zehennägel. Doch wenn ich hinauf zu den Sternen sehe, empfinde ich ein Gefühl der Sehnsucht und Zugehörigkeit.«

- **Inkarnierte Tiere:** Barbara betrachtet sich selbst als eine »Inkarnierte Katze«. Sie sagt dazu: »Ich fühle eine Verbundenheit mit Katzen und Pflanzen und meine Haare haben seit meinem zwanzigsten Lebensjahr eine sexy silberne Farbe. Ich habe mehrere Katzen als Haustiere und kommuniziere wunderbar mit Katzen und Pflanzen. Ich mag Menschen nicht besonders, doch ich werde ihnen, wenn nötig, helfen, solange sie mir genug Zeit für mich selbst lassen und nicht mein Privatleben stören. Ich verehre Katzen und glaube, dass das Universum, sollte es irgendeine Form haben, ein wunderschönes katzenähnliches Wesen wäre. Wie eine Katze, so bin auch ich in der Lage, zu sagen, ob ein Mensch vorhat, etwas Böses zu tun – vielleicht weiß ich nicht genau, um welche Taten es sich dabei handelt, doch ich kann schon bei der ersten Begegnung sagen, ob ein Mensch schlechte oder ehrenhafte Absichten hat. Ich möchte der Welt sagen, dass wir alle sowohl einander respektieren müssen als auch die Tiere und vor allen Dingen unsere Mutter Erde … die Umwelt.«

Einige der hier nicht beschriebenen Inkarnierten Elementaren sind die Brownies, Wasserkobolde und

Baum-Menschen (Wesen mit einer starken, beschützenden Affinität zu Bäumen).

Mögliche Lebensaufgaben für Inkarnierte Elementare

Die Mitglieder dieser Gruppe von Erden-Engeln sind vor allem in künstlerischen Berufen oder im Medienbereich erfolgreich, einschließlich Musik, Film, Comedy, Schreiben, Verlagswesen, Tanz und Yoga. Da sie die Tendenz haben, optimistisch und wunderbare Manifestationsexperten zu sein, sind sie auch besonders gute motivierende Vortragsredner. Inkarnierte Elementare lieben es, vor Publikum aufzutreten, und eignen sich bestens als Lehrer großer Gruppen. Außerdem mögen sie Berufe, die mit der Natur zu tun haben, wie zum Beispiel Haustier-Sitting oder Tierpflege, Arbeiten in Gärtnereien und Baumschulen, Naturschutz und Forstwirtschaft.

Anleitungen und Vorschläge für Inkarnierte Elementare

- **Verbringen Sie viel Zeit in der freien Natur.** Wie ich in diesem Kapitel schon mehrmals betont habe, ist es für Inkarnierte Elementare essenziell, sich regelmäßig in der Natur aufzuhalten, unabhängig vom

Wetter. Wenn Sie also zu dieser Gruppe von Erden-Engeln gehören, ziehen Sie Ihre Schuhe und Strümpfe aus und gehen Sie täglich barfuß auf einer Wiese oder einem Feld spazieren; das wird Ihnen wunderbar helfen, auf dem Boden und mit Mutter Erde verbunden zu bleiben.

• **Vergessen Sie nicht, zu lachen und zu spielen.** Elementare, die sich zu oft das Spielen versagen, neigen verstärkt zu Depressionen. Also suchen Sie nach Möglichkeiten, jeden Tag mindestens einmal albern zu sein, Spaß zu haben und zu lachen.

• **Manifestieren Sie bewusst das, was Sie sich wünschen.** Visualisieren Sie sich selbst als gesund, erfüllt, in jeder Beziehung reich und geliebt. Rufen Sie Ihre Pendants im spirituellen Königreich der Elementargeister an, damit sie Ihnen helfen, Ihre Wünsche zu manifestieren.

• **Werfen Sie nicht mit Feuerbällen um sich.** Die Zornesausbrüche der Elementargeister sind legendär und Inkarnierte Elementare sind da keine Ausnahme. Wenn Sie einen Wutanfall bekommen, seien Sie vorsichtig, denn in solchen Momenten werfen Sie buchstäblich mit Feuerbällen heißer Emotionen um sich! Diese Feuerbälle können den Objekten Ihres Zornes emotionale oder physische Schmerzen zufügen, die Sie eigentlich gar nicht beabsichtigen. Wenn Sie in Wut ausbrechen, ist Ihre Kraft wie ein explodierender Vulkan – also lassen Sie bitte Vorsicht walten.

- **Engagieren Sie sich im Umweltschutz.** Stellen Sie Ihre Zeit freiwillig zur Verfügung oder spenden Sie Wohltätigkeitsorganisationen Geld, die sich um das Säubern der Erde oder den Tierschutz bemühen. Recyclen Sie alles, was wieder verwendet werden kann, und geben Sie das Geld, das Sie auf diese Weise bekommen, für nichttoxische Reinigungsmittel und umweltschonende Produkte aus.

FÜNFTES KAPITEL

Sternen-Menschen

Hollywood-Filme und sensationslüsterne Bücher stellen Außerirdische meistens als bösartige Kriegstreiber dar. Doch für die Außerirdischen sind die Erdlinge diejenigen, die gewalttätig sind – und zwar so gewalttätig, dass viele Außerirdische gebeten wurden, menschliche Körper anzunehmen und zu versuchen, eine Massenvernichtung zu verhindern. Wir nennen diese segensreichen Helfer *Sternen-Menschen.*

Gott sei gedankt, dass es Sternen-Menschen gibt! Sie sind aus physischen und nichtphysischen Galaxien hierher gekommen und haben ein Erdenleben auf sich genommen, um überall dort Freundlichkeit zu verbreiten, wo ein Mangel daran besteht. Ihre kollektive Liebenswürdigkeit hilft, den Ärger, den Stress und die Wut zu zerstreuen, die zu einem Atomkrieg führen könnten. Im Falle einer Zerstörung der Erde würden die negativen Auswirkungen in vielen Galaxien spürbar sein. Daher besteht die Aufgabe der Sternen-Menschen darin, um jeden Preis einen nuklearen Krieg zu verhindern. Der wichtigste Weg zur

Erreichung dieses hoch gesteckten Zieles ist der, anderen Menschen gegenüber freundlich zu sein und sie mit Anstand und Respekt zu behandeln – was zu einer Art Dominoeffekt führt.

An jedem beliebigen Tag kann man Sternen-Menschen sehen, wie sie ruhig lächelnd ihre Aufgabe verrichten und sich den Bedürfnissen der Menschen, die ihnen begegnen, selbstlos zur Verfügung stellen. Diejenigen, denen sie helfen, nehmen sie oft kaum zur Kenntnis; doch Sternen-Menschen geben ihre Dienste nicht, um dafür Lob zu erheischen. Solche Taten sind ihnen ein tiefes Bedürfnis – so als würde irgendeine Programmierung in ihrem Inneren sie zum Handeln zwingen. Sternen-Menschen macht es nichts aus, dass man ihnen selten für ihre Dienste dankt.

Die Vertreter dieser Erden-Engel-Gruppe sind überall dort anzutreffen, wo Freundlichkeit und Güte benötigt werden. Sie sind sowohl Kassierer im Supermarkt und Postbeamte als auch Bankangestellte und Kundenberater. Mit ihrem Mauerblümchen-Aussehen und ihrer bescheidenen Art ziehen Sternen-Menschen es vor, »hinter den Kulissen« zu bleiben. Ihre Mission erfordert nicht, dass sie ständig im Rampenlicht stehen. Ganz im Gegenteil: Sternen-Menschen sind gütige »Undercover Agents«, die hoffen, von niemandem bemerkt zu werden.

Dies ist für viele Sternen-Menschen das erste Erdenleben. Und da dieser Planet emotional und physisch so gewalttätig ist, fühlen die Sternen-Menschen sich oft überfordert und möchten nach Hause zurückkehren. Schließlich ist die Erde einer der chaotischsten Planeten im ganzen Universum – es ist sogar so, dass die Mächte des Universums uns in Quarantäne gesteckt haben, damit wir anderen Planeten keinen Schaden zufügen. Die Erde wird als unberechenbarer Teenager auf Steroids betrachtet, der mit einer geladenen Pistole gefährlich herumfuchtelt.

Da es die meisten Menschen in Angst und Schrecken versetzen würde, Hilfe von Außerirdischen zu empfangen – egal wie segensreich diese Wesen sind –, beschlossen diese mächtigen und sanften Wesen, menschliche Form anzunehmen und unter uns zu wandeln. In ihrem Inneren sind sie genauso wie alle anderen Menschen: herrliche Funken göttlichen Lichtes, vom selben Schöpfer kreiert. Doch da sie die meisten Inkarnationen auf anderen Planeten als der Erde verbracht haben, kann das Aussehen oder Verhalten der Sternen-Menschen anderen Erdenbürgern zuweilen recht seltsam erscheinen.

Aufgrund ihrer mangelnden Erfahrung mit dem Leben auf der Erde fühlen sie sich in Gesellschaft anderer Menschen oft verlegen und unwohl, was zur Folge haben kann, dass sich die Sternen-Menschen von anderen abgelehnt fühlen. Viele der Sternen-Menschen, die ich zu diesem Buch befragt habe, berichteten, dass sie sowohl in ihrer Kindheit als auch im Erwachsenenalter oft brutal gehänselt wurden.

Diese Erfahrungen verstärken noch das Heimweh nach einem Planeten, wo sie sich zu Hause fühlen und mit den Regeln des gesellschaftlichen Umgangs vertraut sind. Linda, eine Sternen-Frau, erinnert sich:

»Als Teenager saß ich oft in unserem Garten und betete, dass ein Ufo kommen und mich mitnehmen und nach Hause bringen möge.«

Scott, ein Sternen-Mann, sagt etwas Ähnliches: »Metaphorisch gesprochen hatte ich von Anfang an meine Koffer gepackt und bin auch heute jederzeit bereit, nach Hause zurückzugehen. Ich würde lieber von der anderen Seite aus als geistiger Führer tätig werden. Ich kann mich erinnern, dass ich auf einem anderen Planeten war, bevor ich gebeten wurde, hierher zu kommen und am gegenwärtigen Traum des Planeten teilzunehmen.«

Sternen-Menschen zeichnen sich oft durch auffallende physische Merkmale aus, die sie von anderen Menschen unterscheiden. Die meisten männlichen Vertreter dieser Gruppe sind hoch gewachsen und dünn; wohingegen die weiblichen Sternen-Menschen von kleinerem Körperbau sind und entweder schlanke oder üppige Körper haben. Natürlich gibt es Ausnahmen, doch im Allgemeinen unterscheiden sich die Körper der Sternen-Menschen – wie ihr ganzes Leben – sowohl in der Größe als auch im Gewicht von der Norm.

Die Gesichter dieser Menschen sind häufig lang und schmal, vor allem wenn sie groß und schlank sind. Kleine, zierliche Sternen-Menschen haben rundere Gesichter. Es scheint, dass der Herkunfts-Planet ihre spezifischen physischen Eigenschaften beeinflusst.

Generell haben die Augen der Sternen-Menschen eine ungewöhnliche Form und Farbe. In der Regel haben diese Erden-Engel halbmondförmige Augen, vergleichbar einem umgekehrten »U«. Ihre Augen sind oft grau, grün oder schwarzbraun und scheinen von innen her zu leuchten, so als befänden sich strahlende Lichter dahinter. Um die Pupillen herum sind oft Ringe von hellerer Farbe zu sehen.

Da Sternen-Menschen es nicht schätzen, Aufmerksamkeit auf sich zu ziehen, wählen sie ihre Kleidung nach dem Prinzip der Bequemlichkeit und des Praktischen, anstatt der Mode zu folgen oder sich durch auffallende Kleidung zur Schau zu stellen. Weibliche Sternen-Menschen tragen ein Minimum an Make-up und mögen es nicht, zu viel Aufhebens um ihre Frisur zu machen. Selbst eine von mir befragte Sternen-Frau, die von Beruf Friseuse ist, erzählte mir, dass sie nicht viel Zeit auf ihre eigene Haarfarbe oder Frisur verwendet!

Sternen-Menschen besitzen paradoxe Persönlichkeiten: Einerseits wollen sie unbedingt anderen Menschen helfen, ohne darum gebeten zu werden. Andererseits scheinen sie jedoch auf der Hut und distanziert zu sein und können als »kalt« und »unnahbar« empfunden werden. Sie sind hier, um zu helfen, haben jedoch nicht das Bedürfnis, zu tief in den Prozess des Fühlens und der Emotionen involviert zu werden – diese Dinge sind ihnen fremd.

Es war kein astrologisches Muster unter den befragten Sternen-Menschen zu erkennen, was vielleicht daran liegt, dass sie von einer Vielzahl verschiedener Planeten stammten. Interessanterweise gibt es unter den Sternen-Menschen nicht viele Berühmtheiten, da sie es vorziehen, hinter den Kulissen zu bleiben. Doch von Oprah Winfrey [*bekannteste amerikanische Talk-Show-Moderatorin – Anm. d. Übers.*] und Keanu Reeves wird behauptet, sie seien Sternen-Menschen mit hochgeistigen Missionen, die die Medien als Vehikel für ihre Lehren benutzen. Viele glauben, dass der Film *Die Matrix* mit Keeanu Reeves in der Hauptrolle genau zur rechten Zeit eine Botschaft enthielt, die uns vor technologischer Abhängigkeit warnen soll.

Viele Sternen-Menschen fragen sich, worin ihre Lebensaufgabe besteht, und sind erleichtert, wenn sie feststellen, dass es darum geht, fortwährend anderen Menschen zu helfen, egal in welcher Situation sie sich befinden – mit anderen Worten: zu helfen, wann, wo und wie immer es erforderlich ist. Es gibt weder einen spezifischen »Job« noch eine spezifische »Aufgabe«, die sie während ihrer Lebenszeit auf der Erde erfüllen müssen, solange sie ihr Bestes tun, um menschliche Sorgenfalten in Lächeln zu verwandeln.

Die Sternen-Frau Katherine sagt diesbezüglich: »Ich habe das Gefühl, als sei ich hierher gesandt worden, um allen und jedem helfen zu können, der meine Hilfe braucht. Es vergeht kein Tag, wo nicht jemand in der einen oder anderen Form meine Hilfe braucht. Teilweise ist das frustrierend gewesen, da ich nie das Gefühl hatte, eine ›echte Lebensaufgabe‹ zu haben.« Katherine war erleichtert, zu entdecken, dass ihre kontinuierliche Freundlichkeit und Hilfsbereitschaft in Wahrheit *ihre Lebensaufgaben sind*.

Verbindungen mit der Heimat

Die meisten Sternen-Menschen interessieren sich für Ufos, Leben auf anderen Planeten, Raumfahrt und Außerirdische. Sie lieben die *Star Trek*-Serie (die alte wie die neue), Bücher über Science-Fiction und alles andere, was mit diesen Themen zu tun hat. Sie können sich total in Filme wie *K-Pax* und *Man Facing Southeast* hineinversetzen, zwei Filme über Sternen-Menschen in menschlichen Körpern, bei denen die Ärzte Wahnvorstellungen diagnostizieren und sie in psychiatrischen Kliniken unterbringen, weil sie die Wahrheit über ihre nichtirdische Herkunft gesagt haben.

Als Kinder merken Sternen-Menschen schnell, dass sie ein intuitives Verständnis für Spiritualität haben. Viele von ihnen scheuen vor den traditionellen Religionen zurück, da sie im Gegensatz zu ihrem Verständnis der unendlichen Weite des Geistes restriktiv erscheinen. Die Sternen-Frau Terry sagt: »Ich habe mir Gott immer als eine Universale Intelligenz vorgestellt, die so viel größer ist als das, was konventionelle Kirchen behaupten.« Diese Weisheit wurde höchstwahrscheinlich im Laufe vieler hoch bewusster Inkarnationen und Erfahrungen erlangt.

Viele Vertreter dieser Gruppe der Erden-Engel erinnern sich daran oder glauben sich daran zu erinnern, dass sie mindestens einmal in diesem Leben in einem Raumschiff gewesen sind. Mehrere der befragten Sternen-Menschen kannten sogar ihren Herkunftsplaneten. Natürlich handelt es sich hierbei nicht um etwas, worüber normalerweise bei gesellschaftlichen Anlässen geredet wird. Vergessen Sie nicht, dass es sich bei diesen Erden-Engeln um ganz normal aussehende Menschen handelt, die aber spüren, dass sie nicht von der Erde stammen. Sie sind unser Nachbar von nebenan, nette Kollegen oder Ähnliches – eine Tatsache, die ihre Geschichten umso faszinierender machen. Hier sind einige dieser Geschichten:

- **Mary Kay:** »Mit Hilfe geführter Visualisierung wurde ich auf eine Reise geschickt, um meine Heimat zu finden. Jesus gab sich als mein geistiger Führer zu erkennen. Wir begaben uns tief in das Innere der Erde und plötzlich befanden wir uns hoch oben im Himmel. Wir kamen zu einem besonders hell leuchtenden Stern – er strahlte so sehr, dass ich niemanden sehen konnte. Dort fühlte ich die Liebe, nach der ich mein Leben lang gesucht hatte. Als ich fragte, wo ich war, hörte ich sofort das Wort *Sirius* … ich hatte dieses Wort noch nie gehört und wusste nicht, dass es einen Stern mit diesem Namen gab.«

- **Linda:** »Ich habe immer gefühlt, dass ich von den Plejaden komme. Ich weiß nicht einmal, wie man dieses Wort buchstabiert. Warum ich das Gefühl habe, als käme ich von dort, kann ich nicht sagen. Ich weiß nur, dass ich dieses Gefühl habe, so lange ich denken kann.«

- **Scott:** »Ich weiß, dass ich meine letzte Inkarnation auf einem Planeten namens Zeron verbracht habe.

Wenn ich mich recht erinnere, war ich dort für die Pflege der Wälder zuständig. Ich hatte einen riesigen Kopf und war sehr groß. Es war ein Planet, auf dem man sich zwischen Lektionen ausruhen und entspannen konnte. Es war wunderschön und grün dort, mit einer üppigen Vegetation. Ich habe mich dort sehr wohl gefühlt.«

Wesen, die auf anderen Planeten leben, haben eine wesentlich größere Lebenserwartung als die Bewohner der Erde. Das liegt an physiologischen Unterschieden in ihren Körpern. Zudem sind sie weder Stress noch Umweltverschmutzung und toxischen Stoffen in Nahrungsmitteln ausgesetzt, die den Körpern der Erdenbewohner so sehr zusetzen. Tatsächlich haben viele Außerirdische auf ihren Heimatplaneten nichtphysische Körper, weil dies für ihre dortige Mission das Beste ist. Doch der Hauptunterschied, warum Wesen auf anderen Planeten ein längeres Leben haben, ist der, dass umso mehr gelernt werden kann, je länger jemand lebt.

Wenn Sternen-Menschen sich einer Rückführung in frühere Leben unterziehen, sind die zu Tage tretenden Erinnerungen nicht unbedingt ihre eigenen. Die Autorin und Rückführungs-Therapeutin Dolores Cannon machte diese bemerkenswerte Entdeckung, als sie mit einem Klienten namens Phil arbeitete. Zunächst erinnerte Phil sich an mehrere Erdenleben und dann an einen Planeten, der sich sehr von der Erde unterschied.

Durch eine Serie von Regressionen fand Dolores

heraus, dass die derzeitige Inkarnation in Wahrheit Phils erste Lebenszeit auf der Erde war. Er hatte sich jedoch Erinnerungen aus vergangenen Leben aus einer Art spiritueller Bücherei »ausgeliehen«. Diese geliehenen Erinnerungen halfen Phil, sich abzuschirmen und mit einer Schutzschicht zu umgeben, während er versuchte, sich an das raue und grobstoffliche Umfeld der Erde anzupassen. Ohne diese Erinnerungen an vergangene Lebenszeiten hätte die auf der Erde herrschende Gewalt, Rivalität und Gier Phils System in einen Zustand des Schocks versetzt. Dolores schreibt über Phil und seine Erlebnisse als Sternen-Mensch in ihrem brillanten Buch *Keepers of the Garden* (die englische Ausgabe ist bei Ozark Mountain Publishers erschienen). Obwohl viele Sternen-Menschen sich von ihrem heimatlichen Planeten verlassen fühlen – so als seien sie auf die Erde geschleudert worden, ohne das Recht zu haben, ihre Meinung dazu zu äußern –, halten sie dennoch Verbindungen zu ihrer Heimat aufrecht. In der Regel haben Sternen-Menschen außerirdische Wesen als geistige Führer. Außerdem weisen sie ätherische »Schnüre« auf, die bis hinauf zu den Raumschiffen reichen. Zudem kehren Sternen-Menschen häufig während ihrer Traumzeit und bei meditativen Reisen vorübergehend zu ihren Heimatplaneten oder Raumschiffen zurück.

Energiearbeit und Sensitivität

Alle Erden-Engel berichten von extremer Sensitivität bezüglich der Energie von Menschen – egal ob es sich dabei um einzelne Personen oder Menschenansammlungen handelt – und Orten. Dennoch sind Sternen-Menschen bestens geeignet, Energieheilung zu studieren und dies zu ihrem Beruf zu machen. Es ist erstaunlich, wie viele Mitglieder dieses Bereiches ihren Lebensunterhalt mit der Heilkraft ihrer Hände verdienen, ob durch Energiearbeit oder in Berufen, die mit direkter Berührung zu tun haben, wie beispielsweise als Gärtner, Bauarbeiter, Friseuse, Maniküristin, Massage-Therapeut oder auch Monteure.

Die Ausübung der Kunst des Reiki scheint bei Sternen-Menschen ganz besonders beliebt zu sein, sozusagen ihre »erste Wahl«, wenn es um Energieheilungen geht. Das mag daran liegen, dass die Reiki-Energie ursprünglich von den Plejaden kam, als Geschenk an die Bewohner der Erde. Es ist interessant, dass Reiki-Energie – hellsichtig betrachtet – wie schmale Streifen von Regenbogenstreifen aussieht, genauso wie die Auren der Sternen-Menschen (die auf Aura-Fotos sichtbar sind). Diese Streifen, die vertikal aus dem Körper des Sternen-Menschen hervorstehen, sehen aus wie zu Berge stehende Haare.

Gegen Ende meines *Engel-Therapie*-Practitioner-Certification-Kurses teilen sich die Teilnehmer jeweils in die verschiedenen Gruppen von Erden-Engeln auf, denen sie sich zugehörig fühlen. Dann verbringen sie eine gewisse Zeit mit den anderen Mitgliedern ihres Bereiches, vergleichen ihre Ähnlichkeiten und verbinden sich auf diese Weise intensiv mit ähnlich denkenden und fühlenden Seelen. Ich interviewe oft die Mitglieder der einzelnen Bereiche, um zu sehen, welche gemeinsamen Muster sie aufweisen. Bei einem meiner letzten Kurse war jeder Einzelne aus dem Bereich der Sternen-Menschen, Mann wie Frau, auch Reiki-Meister!

Die Sternen-Frau Terry sagt dazu: »Ich bin supersensitiv gegenüber Energien. Wenn ich Reiki ausübe, kann ich die Veränderung der Energie fühlen, die meine Hände an die Stellen zieht, wo sie sein müssen, um die negativen Energien aufzulösen. Energie fühlt sich für mich dicht und klebrig an, und wenn ich sie bewege, kommt es mir vor, als würde ich Kaugummi verteilen.«

Und die Sternen-Frau Nancy meint: »Wenn ich Heilungen vornehme, werden meine Hände ungewöhnlich heiß. Ich kann die Hitze in dem Bereich fühlen, wo der Mensch, an dem ich arbeite, Probleme hat.«

Sternen-Menschen und Beziehungen

Es ist durchaus möglich, dass Sternen-Menschen in Familien hineingeboren werden, wo es noch keine Vertreter ihrer Gruppe gibt. Die Eltern gehören unter Umständen weder zu den Sternen-Menschen noch zu einem der anderen Bereiche der Erden-Engel. Als Resultat ist die Familie oft nicht in der Lage, mit dem Sternen-Kind umzugehen, was dazu führt, dass sich der Junge oder das Mädchen von seiner Geburtsfamilie getrennt fühlt. Die Sternen-Frau Kathy erinnert sich: »Als Kind fühlte ich mich immer allein und anders als die anderen, obwohl ich fünf Geschwister hatte.«

Tatsächlich existiert auf den meisten Planeten weder das Geburts- noch das Familiensystem, wie wir es auf der Erde kennen. Auf anderen Planeten ist es normal, wenn Wesen in Laboratorien auf die Welt kommen, wie bei uns die sogenannten »Kinder aus der Retorte«. Ebenso ist den Bewohnern anderer Planeten die Bindung fremd, die in den Familien hier auf der Erde zu beobachten ist. Dies ist einer der Gründe, warum Sternen-Menschen oft als freundlich, jedoch distanziert empfunden werden. Sie sind immer bereit zu helfen, doch man spürt bei ihnen eine darunter liegende Kälte, die sich vor allem dann zeigt, wenn jemand versucht, eine enge Verbindung mit ihnen aufzubauen. Und es darf nicht wundern: Sternen-Menschen sind aufgaben- und nicht beziehungsorientiert. Sie haben einen Job zu erledigen, und sie sind nicht darauf ausgerichtet, Beziehungen zu ihrem wichtigsten Anliegen zu machen.

Der Sternen-Mann Scott sagt: »Die Erkenntnis, dass ich ein Sternen-Mensch bin, war für mich eine Bestätigung, die mir geholfen hat, einige meiner kühleren Eigenschaften und die Distanz zu akzeptieren, die ich zuweilen anderen Menschen gegenüber empfinde.«

Auch die Sternen-Frau Terry hatte eine ähnliche Erkenntnis: »Ich unterscheide mich von anderen auf eine Weise, die viele nicht verstehen. Ich fühle mich wie eine Außenseiterin und bin eher ein Einzelgänger. Meistens bin ich lieber alleine als in einer Gruppe von Menschen mit all ihren Problemen und Schwierigkeiten.«

Das Zusammensein mit anderen Sternen-Menschen ist für die Mitglieder dieses Bereiches eine Möglichkeit, sich akzeptiert zu fühlen. Linda sagt dazu: »Mein Ehemann ist genau wie ich ein Sternen-Mensch und daher verstehen wir uns hundertprozentig.«

Lindas Ehemann ist zwölf Jahre jünger als sie, und ich habe aufgrund meiner Untersuchungen den Eindruck, dass viele weibliche Sternen-Menschen Beziehungen mit jüngeren Männern haben. Folgende Bemerkung ist typisch für weibliche Sternen-Menschen: »Ich weiß, dass dieser Mann von dem gleichen Planeten kommt wie ich.« Manchmal ist der Altersunterschied ein Problem bei dem Versuch, eine engagierte und langfristige Liebesbeziehung aufzubauen. Es hat den Anschein, dass männliche Sternen-Menschen einige Jahre später auf die Erde gekommen sind als die weiblichen.

Wenn Sternen-Menschen heiraten, haben sie in der Regel nur ein bis zwei Kinder. Viele dieser Erden-Engel ziehen es vor, überhaupt keine Kinder in die Welt zu setzen. Linda sagt: »Ich bin fünfzig Jahre alt und hatte eine Hysterektomie, was bedeutet, dass ich nie Kinder haben werde. Ich habe immer gewusst, dass ich kinderlos bleiben würde – genau genommen war es mir egal, ob ich welche bekommen würde oder nicht. Wenn mein Mann gerne Vater geworden wäre, dann hätte ich nichts dagegen gehabt. Doch wenn nicht, dann war das auch in Ordnung. Doch irgendwie *wusste* ich einfach, dass ich keine Kinder gebären würde.« Die Sternen-Frau Terry berichtet, dass sie nie an dem interessiert war, was als »konventionelle Familien-Dynamik« bezeichnet wird.

Wenn Sternen-Frauen Kinder gebären, geschieht dies oft mittels Kaiserschnitt. Dies liegt vielleicht daran, dass auf anderen Planeten vaginale Geburten unbekannt sind, da Babys in Laboratorien »gezüchtet« werden. Tatsächlich sind die Bewohner vieler Planeten androgyn, ohne klare Geschlechtsunterschiede. Außerirdische Babys werden nicht durch die irdische Methode der sexuellen Vereinigung von Sperma und Ei kreiert, sondern durch eine Übertragung von Energien und die Intention, zu kreieren – eine Methode, die in dem Film *Cocoon* beschrieben wird.

Sternen-Menschen haben sich unter Umständen »vertraglich« verpflichtet, während ihres Erdenlebens zu heiraten und/oder Kinder zu bekommen. Wahrscheinlich hatten sie bislang noch keine Erfahrungen mit Familie und Liebesbeziehungen und haben nicht einmal daran gedacht, die Paragraphen Ehe und Kinder in ihren Erden-Vertrag aufzunehmen! Eine Familie zu haben kann die Mission eines Sternen-Menschen behindern und Karma kreieren, was dazu führen könnte, sie in den Sumpf des Reinkarnations-Zyklus auf der Erde hineinzuziehen.

Außerdem ist es möglich, dass es sich bei dieser Inkarnation um die erste Lebenszeit handelt, in der ein Sternen-Mensch nicht androgyn ist, sondern eindeutig einem Geschlecht angehört. Die Sternen-Frau mag sich in ihrem weiblichen Körper unwohl fühlen, während sich der männliche Sternen-Mensch vielleicht wie ein verlegener Betrüger vorkommt, der nur so *tut*, als sei er ein Mann. Wenn auf der Erde inkarnierte Sternen-Menschen jedoch glückliche Paare sehen, die sich an den Händen halten und ihren Weg gemeinsam gehen, wünschen sie sich vielleicht, auch einer solchen Erfahrung teilhaftig zu werden. Manche Sternen-Menschen sind in der Lage, Ehe und Familie zu manifestieren, während anderen diese Form der Vereinigung immer ein Rätsel und unerreichbar bleiben wird.

Der Umgang mit dem Leben auf der Erde

Wie bereits an früherer Stelle erwähnt, sind Sternen-Menschen hinsichtlich jeder Form von Gewalt besonders empfindsam. Alle Bereiche der Erden-Engel berichten von einer Aversion gegen Gewalt und Konflikt. Doch von allen Bereichen scheinen die Sternen-Menschen den größten Horror vor jeder Art von Kampf zu haben. Linda sagt: »Ich kann nicht die geringste Form von Gewalt tolerieren. Es setzt mir ungeheuer zu, wenn jemand auch nur im Zorn seine Stimme erhebt. Ich kann es kaum ertragen. Mir kommen jedes Mal die Tränen, wenn mich jemand ausschimpft oder zurechtweist.« Die meisten Sternen-Menschen, die ich für dieses Buch befragt habe, berichteten, dass sie sich nie die Nachrichten anhören, anschauen oder darüber lesen, weil es sie zu sehr aufwühlen würde.

Die Sternen-Menschen sind in der Lage, ein eventuelles Ende der Gewalt auf der Erde zu sehen ... sofern friedliebende Männer und Frauen aktiv werden, indem sie um ein Ende der Gewalt beten oder konzertierte Aktionen in dieser Richtung vornehmen. In der Zwischenzeit verharren die Sternen-Menschen vertrauensvoll auf ihrem irdischen Posten und profilieren sich in alltäglichen Situationen als freundliche und hilfsbereite Männer und Frauen. Doch tief in ihrem Inneren sind sie von Heimweh nach dem friedvollen Leben geplagt, das sie einst an einem weit entfernten Ort gekannt haben.

Sternen-Menschen, die gelernt haben, mit dem Leben auf der Erde umzugehen, sagen, dass es ihnen hilft, sich mit anderen Mitgliedern ihres Bereiches zusammenzutun. Diese Menschen sind nicht schwer zu erkennen, wenn Sie nach ihren verräterischen physischen Eigenschaften Ausschau halten. Besonders häufig können Sie sie in der Nähe des Meeres finden. Jeder einzelne Sternen-Mensch, den ich befragt habe, sagte, es sei ein unbedingtes *Muss* für ihn, in der Nähe des Wassers zu leben, vor allem in der Nähe des Ozeans.

Mary Kay erklärt diese Verbindung zwischen Sternen-Menschen und Wasser mit folgenden Worten: »Ich erkannte, dass ich in der Nähe des Wassers leben musste, um inneres Gleichgewicht zu erlangen. Ich gehe an den Strand, um die immense Kraft des Meeres und der Wellen zu spüren, und jedes Mal ist es so, als würden meine Batterien wieder neu aufgeladen.« Und natürlich fühlen sich Sternen-Menschen unwiderstehlich zu Ufo-Konventionen und Gruppen hingezogen – denen sie häufig beitreten –, die sich mit allen möglichen Aspekten von Science-Fiction beschäftigen.

Hier sind einige weitere Kommentare von Sternen-Menschen:

- **Die Sternen-Frau Linda sagt:** »Mein Rat an andere Sternen-Menschen lautet: Es ist okay, das Gefühl zu haben, nicht hier auf die Erde zu gehören ... denn Sie gehören tatsächlich nicht hierher. Nehmen Sie diese Tatsache einfach an und machen Sie das Beste daraus. Sie sind etwas Besonderes, weil Sie hierher gekommen sind, um diesem Planeten zu helfen, Frieden zu erlangen. Sie haben sich freiwillig auf diesem Planeten inkarniert, um andere Menschen und die Erde zu heilen.«

- **Und Scotts Rat für Sternen-Menschen lautet:** »Finden Sie andere, die Ihre Sicht der Dinge teilen und mit denen Sie sich zusammentun können. Und vergessen Sie nicht, angesichts all der Verrücktheit, von der Sie umgeben sind, zu lächeln. Lehren sie Toleranz und Geduld und vor allen Dingen Liebe, denn das ist das Einzige, was wirklich existiert. Und vergessen Sie nicht: Dies ist nur eine vorübergehende Aufgabe und nur ein vorübergehender Aufenthaltsort für Sie!«

Mögliche Lebensaufgaben für Sternen-Menschen

Sternen-Menschen können viele verschiedene Aufgaben erledigen und werden sich unter Umständen nicht mit einem einzigen Beruf als ihrer Lebensaufgabe zufrieden geben. Stattdessen werden sie sich vielleicht in diversen Berufen und Karrieren versuchen, entweder gleichzeitig oder nacheinander. Sternen-Menschen sind wunderbare Reiki-Meister, Energie-Heiler und Physiotherapeuten. Außerdem beschäftigen sie sich gerne mit Forschung und Ingenieurwesen und lieben es, gemeinsam mit anderen Menschen an einem bestimmten Projekt zu arbeiten. Jedoch müssen die Sternen-Menschen an die Ziele des Unternehmens glauben, für das sie tätig sind, oder sie werden sich in ihrem Job hundeelend fühlen. Diese Erden-Engel sind liebenswürdig, effizient und setzen sich voll für ihre Aufgabe ein, werden jedoch oft fälschlich als unnahbar oder kalt empfunden. Außerdem ziehen sie es vor, hinter den Kulissen zu bleiben. Aus diesem Grund ist es besser für sie, alleine zu arbeiten – ein Job als Gruppenleiter oder Rezeptionist ist für sie nicht das Geeignete.

Anleitung und Vorschläge für Sternen-Menschen

• **Machen Sie sich bewusst, dass kleine Akte der Freundlichkeit wichtig sind.** Als Sternen-Mensch machen Sie sich wahrscheinlich Sorgen wegen der Zukunft der Erde oder darüber, ob Sie auch »genug« tun. Sie werden sich besser fühlen, wenn Sie sich immer wieder bewusst machen, dass Ihre zahllosen anscheinend unbedeutenden Akte von Freundlichkeit sich zu einem riesigen Beitrag hinsichtlich der Schaffung eines friedlichen Planeten summieren.

• **Tun Sie sich mit anderen Sternen-Menschen zusammen.** Es ist äußerst wichtig für Sie, sich mit Personen zu umgeben, die genauso denken wie Sie. Wenn Sie in Ihrem Inneren die Intention aufrechterhalten, andere Sternen-Menschen zu treffen, wird es Ihnen problemlos gelingen, diese Menschen in Ihr Leben zu bringen.

• **Akzeptieren und schätzen Sie Ihre Einzigartigkeit.** Ihre natürlichen Neigungen stehen im Gegensatz zu denen der meisten Erdlinge. Ihr Maßstab für Schönheit basiert mehr auf dem, was sich im Inneren abspielt, als auf dem Äußeren – das Gegenteil des Schönheitsverständnisses der meisten Menschen. Ihre Prioritäten sind in erster Linie aufgabenorientiert und nicht so sehr auf Beziehungen fokussiert. Also, liebe Sternen-Menschen, würdigen Sie bitte

Ihre Einzigartigkeit, halten Sie an Ihren Glaubenssätzen und Überzeugungen fest und schwächen Sie nicht Ihre Fähigkeiten, indem Sie versuchen, sich der Norm anzupassen.

Sechstes Kapitel

Walk-Ins

Ein *Walk-In* ist eine Seele, die den üblichen Prozess der Aneignung eines menschlichen Körpers durch Geburt, Kindheit etc. umgeht. Stattdessen trifft die Seele die Vereinbarung mit einer anderen Seele, an irgendeinem Punkt einen Austausch der Lebensenergie vorzunehmen. Normalerweise geschieht dies, indem der Walk-In an einen Menschen herantritt, der aufgrund seines Daseins auf der Erde depressiv ist. Die Walk-In-Seele beginnt, mit der Seele der betreffenden Person während der Traumzeit zu verhandeln, indem sie sagt: »Anstatt zu sterben oder Selbstmord zu begehen, was eine Verschwendung eines menschlichen Körpers bedeuten würde, der im Dienste des Lichtes benutzt werden könnte, erlaube mir bitte, dir zu helfen. Sobald du dazu bereit bist, werde ich deinen Körper übernehmen und du kannst ehrenvoll nach Hause in die himmlischen Gefilde zurückkehren. Ich werde deine Katze füttern, deinen Kindern bei den Hausaufgaben helfen, jeden Sonntag deine Mutter anrufen und alle deine anderen Verpflichtungen übernehmen.«

Im Wesentlichen ist ein Walk-In jemand, der:

* eines Tages aufwacht und das Gefühl hat, sein Leben sei ein böser Traum oder einer, mit dem er nichts anzufangen weiß;
* sich nicht an seine Kindheit oder wichtige Abschnitte seines Lebens erinnert;
* eine Vergangenheit von Selbstmord-Phantasien oder -Versuchen hat;
* immer wieder von Freunden und Familie gehört hat: »Du bist nicht mehr der, der du warst!«, und
* plötzliche und drastische Veränderungen vornimmt, wie zum Beispiel: sich einen neuen Vornamen zuzulegen, umzuziehen, sich scheiden zu lassen, einen anderen Beruf zu ergreifen, sich einer anderen Religion zuzuwenden etc.

»Ich habe mich selbst dabei beobachtet, wie ich in diesen Körper gefallen bin, und sah das andere Wesen, wie sie sich geschwächt an den Engel lehnte, der gekommen war, um sie wegzuführen«, erinnert sich Annette über ihre Walk-In-Erfahrung. Annette ist keine Halbverrückte mit einer Neigung zur Flucht ins Reich der Phantasie: Sie ist promovierte Erzieherin, Geschäftsführerin eines Unternehmens für natürliche Produkte und war früher Leiterin mehrerer großer Firmen. Niemand würde bei ihrem Anblick oder bei einem Gespräch mit ihr auf die Idee kommen, dass sie ein Walk-In ist.

Der Walk-In-Vorgang unterscheidet sich drastisch von Besessenheit durch eine andere Seele, bei der sich eine zweite Seele an den Körper oder die Seele eines Menschen anhängt. In Walk-In-Situationen tauschen zwei Seelen Lebensenergie auf die gleiche Weise aus, wie ein Auto an einen neuen Besitzer verkauft wird. Nur *eine* Seele bewohnt den Körper eines Walk-Ins. Die sich zurückziehende Seele wird »Walk-Out« genannt. Da es mehr Seelen gibt, die einen menschlichen Körper haben wollen, als Körper zur Verfügung stehen, ist es möglich, dass die Walk-In-Seele auf einer Warteliste stand. Die Walk-In-Seelen könnten auch »Zwillingsseelen« sein oder mit den Walk-Out-Seelen »verflochtene« Seelengefährten, was bedeutet, dass sie mit dem Walk-Out vor seiner physischen Empfängnis einen entsprechenden Vertrag abgeschlossen haben. Normalerweise kommt die Walk-In-Seele jedoch von einer hohen geistigen Ebene, versehen mit einer Aufgabe, die sofortigen Zugang zu einem erwachsenen Körper verlangt, um diese Aufgabe zu erfüllen.

In der Regel verbringen die Seelen viel Zeit damit, ihren möglichen Seelenaustausch zu besprechen. Sie machen Versuche, bei denen die Walk-In-Seele den neuen Körper sozusagen einem »Testlauf« unterzieht und die Walk-Out-Seele die Erfahrung kostet, wie es ist, frei zu sein von einem Körper und seinen Beschränkungen. Beide Seiten müssen ein totales Einverständnis gefunden haben, bevor der endgültige Austausch stattfinden kann. Dies ist mit dem Prozess vergleichbar, den ein Mensch durchläuft, bevor er sich einer Geschlechtsumwandlungs-Operation unterzieht. Da die Walk-In-Prozedur nicht rückgängig gemacht werden kann (es sei denn, es wurden vorher entsprechende Vereinbarungen getroffen), müssen beide Seiten sicher sein, dass sie diesen Austausch wirklich wollen.

Falls die Entscheidung zu einem Seelenaustausch getroffen wird, wird eine »Schnittpunkt-Episode« festgesetzt. Dies bedeutet, dass die Walk-Out-Seele einen Selbstmordversuch vornimmt, einen Unfall erleidet, sich einer Operation unterzieht oder ein außerkörperliches Erlebnis hat. Oder der Austausch geschieht, während die Person schläft oder meditiert. Während des Austausches verlässt die alte Seele den Körper und begibt sich auf die jenseitige Ebene – genauso als wäre sie oder er gestorben. Die neue Seele geht sofort in den frei gewordenen Körper ein und übernimmt ihn.

Wenn die neue Seele aufwacht, kann sie sich normalerweise nicht an den Walk-In-Vorgang erinnern. Ein Amnesie-Effekt tritt ein, wann immer eine Seele aus der vierten Dimension der geistigen Welt (wo es den Begriff der Zeit nicht gibt) reist und in der dritten Dimension des irdischen Lebens mit seinen Begriffen von Zeit und Raum landet. Das kann man vergleichen mit einem Traum, in dem die eigene Seele reist und tiefgreifende Informationen erhält, doch wo man am nächsten Morgen nicht in der Lage ist, sich an irgendwelche spezifischen Informationen zu erinnern. Die

Messeinheit von Zeit und Raum »flacht« die Wahrheit ab, die wir auf der geistigen Ebene erfahren, da sie in unserer irdischen Umgebung keinen Sinn ergibt. Die Information bleibt jedoch in den geheimen Nischen unseres Geistes erhalten; sie hilft und führt uns, unabhängig davon, ob wir uns bewusst daran erinnern oder nicht.

Das ist auch der Grund, warum sich Walk-In-Seelen nicht klar an die Lehren erinnern, die sie in anderen Inkarnationen erhalten haben. Alles, was sie wissen, ist, dass ihr Leben plötzlich keinen Sinn ergibt. Aus heiterem Himmel (im Gegensatz zu einem allmählich sich ausbreitenden Gefühl der Unzufriedenheit) haben sie das Gefühl, als befänden sie sich im falschen Film. Sie erkennen weder ihre Kinder noch ihren Ehepartner noch ihre Freunde wieder. Sie fühlen sich wie Fremde in ihrem eigenen Leben.

Die Familienmitglieder und Freunde der Walk-Ins werden sagen: »Du bist irgendwie nicht derselbe Mensch!« Das kann als Kompliment gemeint sein oder als Beschwerde. Wenn die Walk-Ins versuchen, sich ihre Kindheit in Erinnerung zu rufen bzw. Ereignisse aus der jüngeren Vergangenheit, sind diese Erinnerungen entweder verschwommen oder existieren gar nicht.

Die Walk-Ins haben meistens keinen Bezug zu ihrem Vornamen, also ändern sie ihn. Das fühlt sich besser für sie an und ermutigt sie, auch andere Veränderungen vorzunehmen, die zu ihrer neuen Sichtweise passen. Unter Umständen ziehen sie um, vielleicht sogar in eine andere Stadt oder ein anderes Land, wechseln ihren Beruf, trennen sich von bestimmten Personen oder initiieren ein neues, wichtiges Projekt.

Die Walk-In-Seele hat eine hohe Mission übernommen und benutzt das neue Vehikel (den Körper), um diese Mission auszuführen.

* * *

Das oben Beschriebene ist typisch für das, was im Laufe eines Walk-In-Seelenaustausches passiert. Doch wie bei jeder Situation, so gibt es auch hier Ausnahmen. Da es sich bei den Walk-Ins um eine überaus unterschiedliche Gruppe von Seelen handelt, die kommen und gehen, gibt es bei ihnen keine klaren Muster hinsichtlich physischer Eigenschaften, gesundheitlicher Verfassung oder astrologischen Sternzeichen. Die Walk-In-Prozedur ist mehr ein Prozess als ein fest umrissener Bereich. Darüber hinaus können Walk-In-Körper und -Seelen aus jeder Dimension kommen – was bedeutet, dass zum Beispiel eine Person den *Körper* eines Inkarnierten Engels und die *Seele* eines Sternen-Menschen haben könnte.

Hier sind einige wahre Geschichten von Menschen, die wissen, dass sie einen Walk-In-Seelenaustausch erlebt haben:

Sandra

1985 wollte Sandra sterben. Ihre beiden Söhne (sechzehn und siebzehn Jahre alt) waren auf Drogenentzug, und sie fühlte sich furchtbar allein und einsam in dem Versuch, mit dieser Krise fertig zu werden. Ihre Seele rief um Hilfe. Ihr Ruf wurde von einem geistig hoch entwickelten Wesen gehört, das ihr anbot, ihren Platz einzunehmen, und Sandra erlaubte, »nach Hause« zu gehen. Sandra nahm dieses Angebot bereitwillig an, obwohl das Ganze auf einer unbewussten Ebene geschah. Sie war sich der Situation nicht bewusst, bis sie sich einige Jahre später einer ausgedehnten Hypnosetherapie unterzog.

Sobald Sandras Seele die Austauschvereinbarung mit der anderen Seele getroffen hatte, geschah der tatsächliche Vorgang, während sie schlief. Sandra sagt dazu: »Ich wachte eines Morgens auf, und als ich meinen Mann neben mir im Bett liegen sah, stellte ich fest, dass ich keinerlei Gefühle für ihn empfand. Ich wunderte mich: *Was tut dieser Mann in meinem Bett?* Die Dinge schienen völlig anders zu sein als vorher und ergaben überhaupt keinen Sinn. An einem Tag war ich Hals über Kopf in meinen Mann verliebt gewesen und am nächsten Tag – nichts! Ich hatte einfach null Gefühle für ihn.«

Sandra war über diese Tatsache und andere Dinge in ihrem Leben, die ebenso sinnlos erschienen, verständlicherweise verwirrt, also ging sie ein Jahr lang zu einem Therapeuten, nur um festzustellen, dass sie weder ihre ehelichen Glücksgefühle wiederherstellen noch ihre verwirrten Gefühle klären konnte.

Doch nicht nur Sandras Gefühle hatten sich verändert, sondern auch ihre Persönlichkeit und sogar ihre körperlichen Merkmale. Über Nacht hatte sich die Farbe ihrer Augen von Braun in Haselnussbraun verändert, mit einem neuen grauen Ring um ihre Pupillen. Erstaunlicherweise veränderte sich ihre Schuhgröße von neununddreißig zu vierzigeinhalb. Früher war Sandra introvertiert gewesen und hatte ihre Gefühle für sich behalten. Doch jetzt war sie die Lebhaftigkeit in Person und äußerte unbekümmert ihre Meinung.

Was ging da vor sich?, wollte Sandra wissen.

Das Universum hält stets die Antworten auf unsere Fragen bereit, und bald danach lernte Sandra eine intuitiv veranlagte Frau kennen, die während der folgenden zwölf Jahre zu einer engen Freundin wurde. Eines Tages sagte diese Frau zu Sandra: »Ich glaube, du bist ein Walk-In«, und erzählte ihr alles über dieses Konzept und warum sie glaubte, dass Sandra ein Walk-In war.

Sandra sagt: »Ich weiß, dass Gott diese Frau zu mir geführt hat, um mich zu leiten und mir zu helfen. Als ich herausgefunden hatte, dass ich ein Walk-In war, machte plötzlich alles in meinem Leben, was mich bis dahin verwirrt hatte, Sinn, und ein tiefer Frieden erfüllte mich. Ich spürte in der Tiefe meiner Seele, dass es sich wirklich so verhielt – wenn ich die Bezeichnung ›Walk-In‹ auch noch nie gehört hatte und mir die Idee eines Seelensaustausches bis dato fremd gewesen war. Dieses Wissen verschaffte mir ungeheure Erleichterung und half mir, mein irdisches Leben mit größerer Zuversicht in die Hand zu nehmen.«

Die Frau brachte Sandra zu einem Hypnosetherapeuten, der Sandra durch eine Serie von Regressionen half, sich an den Walk-In-Prozess zu erinnern.

Sandra entdeckte, dass ihre neue Seele nicht der Erde angehörte, sondern ein androgynes Wesen aus dem Sternensystem Cygnus war (auch als die »Schwanen-Konstellation« bekannt).

So wie Sandra sagen viele der Menschen, die ich nach ihrer Walk-In-Erfahrung befragt habe, dass ihre Seele einen außerirdischen Ursprung hat. Diese Sternen-Menschen-Seelen kommen mit der wichtigen Aufgabe auf die Erde, unsere mögliche Zukunft eines nuklearen Krieges und unvorstellbarer Zerstörung zu umgehen. Gleichzeitig umgehen sie jedoch auch den menschlichen Geburtsvorgang und inkarnieren in erwachsenen Körpern, wenn die ursprüngliche Seele zustimmt, ihren Körper zu verlassen und »herauszugehen«. Wir könnten eine solche Seele einen »Walk-In-Sternen-Menschen« nennen. Karen, Leiterin eines spirituellen Heilungszentrums in New Jersey, ist dafür ein perfektes Beispiel:

Karen

»Ich *wusste*, dass ich nicht auf der Erde zu Hause war. Also bat ich eines Tages die Engel, mir meine Herkunft in einem Traum zu erklären und mich nach der Erklärung aufzuwecken, damit ich mich an alles erinnern konnte. In dieser Nacht träumte ich, dass ich mit einem Mann sprach, dessen Haar in einem langen Pferdeschwanz zusammengebunden war. Er sagte mir, dass er mich das Beten lehren würde, und forderte mich auf, meine Arme zum Himmel zu strecken und das Vaterunser zu sprechen. Ich begann mit: ›Vater unser, der du bist im Himmel‹, mit meinen zum Himmel emporgestreckten Armen. Plötzlich hatte ich das Gefühl, als ob mein ganzes Wesen von einer starken Energie durchströmt wurde, so als hätte ich mit einem Nagel in eine Steckdose gestochen.

Ich sagte zu dem Mann: ›O mein Gott, du bist nicht von hier, oder wie?‹ Woraufhin er antwortete: ›Nein, das bin ich nicht! Ich bin daher, wo auch du her bist.‹ Dann fragte ich: ›Und wo ist das?‹ Er erwiderte: ›Andromeda!‹ Im nächsten Moment begann mein Hund lauthals zu bellen, wodurch ich aufwachte. Ich hatte das Gefühl, als sei mir eine Last von den Schultern genommen worden, weil ich mich endlich sowohl daran erinnerte, wo ich herkam, als auch an die Lebensaufgabe meiner Seele.«

Mir'iam (früherer Name: Shirley)

Im Jahre 1973 war Shirley sehr krank. Sie hatte viele Ärzte konsultiert in dem Versuch, herauszufinden, warum sie solche Schmerzen in ihrem Unterleib hatte. Schließlich empfahl ihr ein Arzt in Dayton, Ohio, sich operieren zu lassen, um genau festzustellen, was ihr fehlte. Im Krankenhaus, während sie auf die Operation wartete, litt Shirley unter fürchterlichen Schmerzen.

Sie erinnert sich: »Ich war meines ganzen Lebens müde: meiner Familiensituation, die mich übermäßig belastete und wo ich mich allein fühlte, und meines Körpers müde, der mir diese ständigen furchtbaren Schmerzen verursachte. Ich lag in meinem Krankenhausbett und bat Gott mit lauter Stimme darum, mich von der Erde zu holen, sollte sich mein Leben nicht ändern können. Dann nickte ich ein, und entweder träumte ich, meinen schwachen, kranken Körper auf dem Bett liegen zu sehen, oder ich sah ihn wirklich.«

Shirley hat keinerlei Erinnerungen an die nächsten drei Tage vor ihrer Operation. Obwohl es sich dabei um einen komplizierten Eingriff handelte, konnte sie schon eine Woche später das Krankenhaus verlassen und nach Hause gehen. Drei Tage später nahm sie zur Überraschung ihrer Ärzte ihren Job wieder auf. Ihre schnelle Genesung war bemerkenswert und Shirley war von einer erstaunlichen Energie erfüllt. Außerdem fiel ihr auf, dass sie plötzlich hellsichtig war. Mehrere Personen, einschließlich ihres Chefs, sagten, dass sie ein ganz anderer Mensch zu sein schien. Ihre Bemerkungen bezüglich der Veränderungen bei ihr waren in der Regel positiver Natur.

Sie änderte sogar ihren Namen in »Mir« und fügte später »I am« [»ich bin«] hinzu und kreierte auf diese Weise ihren neuen Namen Mir'iam. Sie war glücklich mit ihrem neuen Namen und ihrer neuen Sichtweise. Doch ihr Ehemann beschwerte sich: »Ich will mein früheres, altmodisches Mädchen zurück!« Unzufrieden mit ihrer Ehe und den Beziehungen innerhalb ihrer Familie, begann Shirley mit einer Psychotherapie.

Eines Tages fühlte sie sich erschöpft und beschloss, sich hinzulegen. Während einer dreistündigen Kontemplations-Periode und Ruhe erlebte Mir'iam noch einmal die Szene im Dayton-Ohio-Krankenhaus. Sie erkannte, dass die drei Tage vor ihrer Operation, an die sie sich nicht erinnern konnte, der Zeitraum waren, wo der Walk-In-Seelenaustauch stattgefunden hatte.

Die Teile des Puzzles passen für Mir'iam nach wie vor zusammen, einschließlich der Herkunft der Seele, die jetzt in ihrem Körper wohnt – die Seele, die jetzt *sie ist*. Mir'iam sagt dazu: »Seit einiger Zeit weiß ich, dass ich von einem anderen Planeten gekommen bin, der noch unbekannt bzw. nicht identifiziert ist, und dass er indigoblau schimmert. Ich beschloss, mir täglich Bilder der Planeten anzuschauen, und empfand eine sehr starke Reaktion, als ich den Sternenhaufen innerhalb der Konstellation der Plejaden sah. Bedeutet dies, dass die sieben Schwestern und die Sterne in dieser Konstellation meine wahre Heimat sind? Heute ist mir klar, dass ich diesen Ort in einer früheren Inkarnation gekannt und geliebt habe, wobei es dennoch nicht unbedingt bedeutet, dass dies der Planet ist, von dem ich in dieser Seeleninkarnation stamme.«

»Ich habe beschlossen, für mich den Begriff ›Walk-In‹ zu benutzen, da er am genauesten meine Erfahrungen großer Lebensveränderungen beschreibt«, sagt Annette. »Außerdem achte ich darauf, nicht zu sehr an irgendeiner Bezeichnung oder Geschichte festzuhalten, vor allem im Hinblick auf unser limitiertes dreidimensionales Bewusstsein. Jedoch ist mein Leben heute völlig anders. *Ich bin* seit der Walk-In-Erfahrung anders. Meine frühere tiefe Lebensangst – die Sorgen und Schwere – ist weg. Ich fühle mich leichter, jünger und von Grund auf erfrischt und stark. Ich packe das Leben voller Zuversicht an, ohne all die Klagen und Hilferufe meiner früheren Opfer-Energie.

Ich bin immer noch dabei, mich zu akklimatisieren, und meine Erinnerungsfähigkeit, meine Aufgabe und meine beruflichen Fähigkeiten sind noch nicht völlig funktionsfähig. Doch es hat den Anschein, als bereite mir dies nicht allzu viel Kopfzerbrechen. Ich spüre, dass alles gut werden wird. So viel Widerstand ist verschwunden. Die meisten meiner Träume entziehen sich noch meinem Verständnis, so als passierten sie in einer anderen Sprache, die ich noch nicht beherrsche. Die Leute fragen mich: ›Wow, was ist mit dir passiert? Du siehst zehn Jahre jünger aus!‹ Und manche Menschen erkennen mich zunächst nicht wieder und scheinen ein wenig verblüfft zu sein, wenn sie mich dann erkennen. Ich bin heute so viel offener. Ich habe gelernt, dass ein frohes, glückliches

Leben eine Entscheidung ist, die wir bewusst treffen können.«

Barbara

»Seit meinem Selbstmordversuch vor einigen Jahren erinnere ich mich kaum mehr an die Zeit davor. Das Ganze passierte im November 1986. Mein Leben erschien mir sinnlos. Ich hatte wieder einmal eine trostlose Beziehung beendet, und irgendwie war das der letzte Tropfen, der das Fass zum Überlaufen brachte. Ich beschloss, mich umzubringen, indem ich von einer Brücke sprang. Da saß ich also auf dem Geländer der Autobahnbrücke und konnte es einfach nicht tun. Drei Tage hintereinander ging ich auf die Brücke, um herunterzuspringen, doch jedes Mal spürte ich eine Macht, die mich zurückhielt und die so stark war, dass sie mich schließlich davon abhielt, diesen Selbstmordplan in die Tat umzusetzen.

Dennoch war ich wild entschlossen, meinem Schmerz irgendwie durch Selbstmord ein Ende zu machen. Also nahm ich mein Auto und fuhr in der Absicht los, es mit Vollgas gegen einen Telefonmasten zu fahren. Doch anstatt mich zu töten, spürte ich, wie jemand oder etwas im letzten Augenblick das Steuerrad herumdrehte und so meinen Selbstmord verhinderte.«

Barbara glaubt, dass dieser »Jemand« bzw. dieses »Etwas« die Walk-In-Seele ist, die heute in ihrem Körper wohnt.

»Als junger Mann war ich sehr unglücklich. Ich hatte das Gefühl, als gäbe es keinen Weg aus meiner Depression. Eines Morgens war es so weit, dass ich keine Lust mehr zum Leben hatte und aufgab. Ich flehte Gott um Hilfe an. Das Leben war nichts mehr für mich – jedenfalls nicht die Art und Weise, wie ich es lebte. Eine spirituelle Denkweise und entsprechende Ideen waren mir damals noch fremd.

Doch irgendetwas begann, zu mir zu sprechen. Es handelte sich jedoch nicht um etwas Physisches, Greifbares. Ich wusste damals nichts über Geistwesen. Ich dachte in dem Augenblick einfach nur, dass ich jetzt völlig durchgeknallt war. Das Einzige, was ich tun konnte, um mich zu beruhigen, war, zu Gott zu beten. Als ich betete, sagte eine Stimme laut und deutlich in meinem Inneren: ›*Du hast in diesem Moment eine Chance. Möchtest du leben?*‹ Ich erwiderte: ›Falls mein Leben so weitergehen sollte wie bisher, dann möchte ich nicht mehr leben.‹

Nach diesem Tag schien ich von einem neuen Antrieb und ungekannter Motivation beseelt zu sein. *Irgendetwas* war bei mir, wachte über mich, half mir. Weiße und farbige Lichter begannen um mich herum aufzuleuchten, und oft kam es vor, dass Dinge sich zu bewegen begannen und von alleine durch den Raum flogen. Zuerst bekam ich es mit der Angst zu tun und fürchtete, das Opfer von Halluzinationen zu sein. Aber dann merkte ich, dass diese Dinge mir nichts antaten.

Doch ich wollte noch immer nicht weiterleben. Jahre später war ich eines Tages in meinem Zimmer und dachte wieder einmal ernsthaft über dieses Thema nach. Ich war bereit zu gehen. Meine Entscheidung war gefallen: Ich wollte nicht mehr leben. Das war der Augenblick, wo ich all diese Lichter sah, wie sie in mein Zimmer kamen, und ich war zu Tode erschrocken! Ich spürte, wie sie mich überall auf meinem Körper wie menschliche Hände und Finger berührten, sanft und mit wunderbarer Zartheit. Nur das Gefühl einer höheren Vibration war gegenwärtig. Ich bat die Lichter zu gehen, falls sie nicht von Gott gesandt waren, doch sie blieben. Also begann ich, ihnen zu vertrauen, und erlaubte den Lichtern, mich an meinem Kopf und Rücken zu berühren. Ich konnte spüren, dass sie gütig und liebevoll waren.

Zum ersten Mal in meinem Leben empfand ich eine unglaubliche Liebe und Wärme, während etwas Neues in dem Moment in meinen Körper kam, als das alte Selbst ihn verließ. Heute weiß ich, dass es sich bei diesen Lichtern um Engel handelte. Sie halfen mir, mich rundum wohl, stark und anders zu fühlen als mein depressives Selbst, das ich so gut kannte. Plötzlich begann meine linke Körperseite von oben bis unten zu kribbeln, so wie wenn einem die Hand oder der Fuß einschläft. Die linke Seite meines Gesichtes und meines Körpers fühlte sich an wie Gummi – ein Gefühl, das auch die nächsten drei Tage anhielt.

Danach ging ich mit den Situationen auf eine neue, selbstsichere Art um. Heute bin ich ein anderer Mensch und ich danke Gott für diese Veränderung.

Nach meinem Walk-In-Erlebnis waren die Dinge nie mehr so wie vordem. In der Vergangenheit hatte ich mich jahrelang mit heftigen Depressionen rumschlagen müssen – etwas, was nach meinem Walk-In-Erlebnis völlig aufgehört hat Ich nehme heute keine Medikamente gegen Depression mehr und ich war noch nie glücklicher!«

Erinnerungen

Wenn Sie sich nicht entscheiden können, ob Sie ein Walk-In sind, stellen Sie sich selbst die Frage: »Gibt es Teile meiner Kindheit oder bedeutende Zeiträume meines Lebens, an die ich mich einfach nicht erinnern kann?« Falls die Antwort »Ja« lautet, dann ist es sehr gut möglich, dass Sie ein Walk-In sind. Wenn Sie sich andererseits deutlich an Ihre Kindheit und den größten Teil Ihres Lebens erinnern können, ist es zwar möglich, dass Sie aus einer anderen Dimension gekommen sind und wichtige spirituelle Erfahrungen gemacht haben – doch ein Seelenaustausch ist in diesem Fall eher unwahrscheinlich.

Mögliche Lebensaufgaben für Walk-Ins

Falls Sie ein Walk-In sind, sind Sie auf die Erde gekommen, um göttliche Liebe und Frieden zu lehren. Die Form, in der diese Lehren weitergegeben werden, ist nicht so wichtig wie die Mission selbst.

Vielleicht spüren Sie den starken inneren Drang, Ihre Lebensaufgabe anzupacken – handeln Sie danach, denn es wäre ein Fehler, diese Arbeit aufzuschieben, während Sie auf eine »perfekte« Möglichkeit warten, Ihrer Aufgabe gerecht werden zu können. Ebenso sollten Sie Ihre Aufgabe nicht hinauszögern, bis Sie sich ausreichend vorbereitet fühlen. Solch ein Tag wird vielleicht nie kommen, also springen Sie einfach kopfüber ins kalte Wasser und fangen Sie mit Ihrer Arbeit an.

Ihre Lehrarbeit beginnt damit, dass Sie Ihren eigenen inneren Frieden entwickeln, daher ist eine tägliche Morgenmeditation ein Muss. Egal welchen Beruf Sie ausüben, benutzen Sie alle Möglichkeiten, die Ihnen zur Verfügung stehen, um anderen Menschen ein Vorbild für friedvolles Verhalten zu sein. Bitten Sie Ihre geistigen Führer und Engel um Gelegenheiten, Frieden auf einer formalen Basis zu lehren, und gehen Sie dann vertrauensvoll durch die Türen, die sich Ihnen als Antwort auf diese Gebete öffnen. Es ist nicht wichtig, ob Sie berühmt, reich, akademisch gebildet, der Öffentlichkeit bekannt sind oder nicht – es zählt nur, dass Sie ohne zu zögern das Konzept des Friedens in jedweder Form nach außen tragen, die Ihnen möglich ist.

• **Jeder Mensch kann einen wichtigen Beitrag zur Veränderung leisten.** Ihre Seele kam mit hohen Erwartungen und einer erhabenen Mission auf die Erde, daher fühlen Sie sich unter Umständen ein wenig blockiert oder entmutigt, während Sie versuchen, die Welt positiv zu verändern. Beginnen Sie mit grundsätzlichen Dingen und machen Sie sich bewusst, dass Sie auch mit kleinen Schritten helfen können, zum Beispiel indem Sie an eine Wohltätigkeitsorganisation spenden; jedem Menschen zulächeln, der Ihren Weg kreuzt; jemandem einen aufmunternden Brief schreiben oder eine Lesegruppe gründen. Alles, was Sie unter dem Aspekt des Helfens tun, zählt.

• **Lassen Sie Ihr Licht leuchten.** Obwohl Sie sich anders fühlen, sind Sie definitiv weder minderwertig noch anderen überlegen. Vielmehr sind Sie eine machtvolle Seele mit einer klaren Intention, der Welt zu helfen. Haben Sie keine Angst davor, sich spirituell zu »outen« und Ihren Standpunkt kundzutun. Verschaffen Sie sich Gehör und helfen Sie, Situationen in der Welt zu bereinigen, die Heilung brauchen.

• **Nehmen Sie notwendige Veränderungen vor.** Falls Ihnen Ihr Vorname, Ihr Beruf oder Ihre Familiensituation irgendwie fremd erscheint, mag das daran liegen, dass die frühere Seele (der Walk-Out) diese Umstände gewählt hat. Sie müssen nicht mit diesen Entscheidungen leben, sondern können sie in Ihrem Sinne ändern! Beten und meditieren Sie über Ihre Wünsche und nehmen Sie die notwendigen, geistig geführten Schritte vor, um ein Leben zu kreieren, das dem entspricht, der Sie wirklich sind.

Siebtes Kapitel

Die Weisen: Reinkarnierte Hexen, Zauberinnen, Hohepriesterinnen, Hexenmeister, Zauberer und Schamanen

Intensiv. Exotisch. Exzentrisch. Die *Inkarnierten Weisen* glühen von innen heraus. Sie sehen aus wie Charaktere aus einem Liebesroman – in der Regel haben sie langes, seidenes Haar, ovale Gesichter und eindringliche, von tiefen Schatten umrandete Augen, die ein Leben der Intensität widerspiegeln. Erden-Engel aus diesem Bereich besitzen eine tiefe Weisheit und sind ungeheuer intuitiv. Ihre Augen scheinen uns bis auf den Grund unserer Seele zu blicken, und es hat keinen Sinn, zu versuchen, einen Inkarnierten Weisen zu belügen oder ihm irgendetwas vorzumachen, da er die Wahrheit sofort erkennt. Exzentrisch und flamboyant, lieben es vor allem die weiblichen Mitglieder dieses Bereiches, sich in lange fließende Gewänder zu hüllen, die an die romantische Ära der Vergangenheit erinnern. Jeder von ihnen, egal ob Mann oder Frau, ist von einem Gefühl des Mysteriösen, Geheimnisvollen umgeben. Schon beim ersten

Blick in die Augen eines solchen Menschen ist es offensichtlich, dass er oder sie *weiß*.

Die Inkarnierten Weisen sind Menschen mit vergangenen Leben, in denen sie lernten, wie sie ihre Kräfte in Wunderheilungen und Manifestationen lenken konnten, einschließlich der Fähigkeit, das Wetter und materielle Objekte zu beeinflussen (durch Levitation und Telekinese etc.) Es handelt sich bei ihnen um sehr machtvolle und hervorragend ausgebildete Magier der menschlichen Rasse, die aus ihrem »Ruhestand« in der geistigen Welt aufgrund der gegenwärtig besonders schwierigen Situation auf unserem Planeten auf die Erde zurückgerufen wurden.

Ihre Energie ist dunkler und schwerer als die der Erden-Engel aus den anderen Bereichen. Die Weisen haben eine düstere, ernste, beinahe depressiv anmutende Energie und zuweilen sind sie sehr streng. In Beziehungen sind sie auf eine hilfreiche Weise hochgradig rechthaberisch. Sie sind die »Bühnenmütter« und »Regisseure« ihrer Freunde und Familienmitglieder und wissen immer, welches Vorgehen für die anderen am besten ist. Wenn jemand einen soliden Rat braucht, sollte er einen Inkarnierten Weisen fragen.

Während die Mitglieder der anderen Bereiche meistens zum ersten Mal als Menschen inkarniert sind (oder auch in vergangenen Lebenszeiten Inkarnierte Engel, Elementare und so weiter gewesen sind), waren die Weisen bereits seit ungezählten Generationen Menschen. Wie alle Erden-Engel fühlen allerdings auch sie sich »anders« als die anderen

Menschen. Manche Weise behaupten sogar: »Ich *bin* anders und ich bin stolz darauf!« Wie ein Inkarnierter Hexenmeister es formulierte: »Schon in meiner Kindheit wurde mir klar, dass ich anders war und nicht dazugehörte, was zu Schwierigkeiten führte – bis ich schließlich erkannte, dass meine Einzigartigkeit ein Segen war. Ich war nicht Teil der Masse oder der Norm, und mit zunehmender Reife merkte ich, dass dies etwas Positives war.«

Aus diesem Grund sind die Inkarnierten Weisen in der Regel vertrauter mit dem Erdenleben als die Vertreter der anderen Bereiche. Sie sind realistisch, mitfühlend und geduldig mit den Menschen, und sie haben gelernt, ihre Zeit auf der Erde zu genießen. Die Inkarnierte Hexe Linda sprach für viele Inkarnierte Weise, als sie sagte: »Ich weiß, dass ich mich von anderen Menschen unterscheide, doch ich habe nicht wirklich das Gefühl, eine Außenseiterin zu sein, da es mir grundsätzlich egal ist, ob die meisten Menschen mich mögen oder nicht.« Diese Unabhängigkeit von der Meinung anderer ist ein Kennzeichen der Inkarnierten Weisen.

Die Geschichte der Inkarnierten Weisen

Der gemeinsame Nenner aller Mitglieder dieses Bereiches ist die Anzahl der Jahre, die sie damit verbracht haben, ihre magischen Kräfte nutzbar zu machen. Einige entwickelten ihr Interesse an der Metaphysik, andere wurden bereits als Kinder auserwählt und in den hellseherischen Künsten ausgebildet. Die Weisen haben als Hohepriester und Hohepriesterinnen in Atlantis, dem antiken Griechenland und Ägypten gelebt; während der Zeit von Artus; unter den Mayas; als Essener; und weltweit als geborene Medizinmänner und Medizinfrauen. Sie waren Zeugen, wie ganze Zivilisationen zerstört und Menschen für ihre spirituellen Überzeugungen getötet wurden. Die Weisen kennen und schätzen die Dunkelheit, die im Inneren des menschlichen Egos lebt, doch sie schätzen und respektieren weit mehr die Höhen, deren die Menschen fähig sind. Und das ist der Grund, warum sie auf die Erde zurückgekommen sind.

Andererseits haben viele Inkarnierte Weise das Leben in der jenseitigen Dimension sehr genossen. Sie haben in der geistigen Welt paradiesähnliche Gemeinschaften kreiert, mit Schlössern, herrlichen Gärten und Wasserfällen. Alles schien wunderbar zu sein. Doch dann trat ein Komitee geistiger Führer an sie heran in dem Versuch, im Ruhestand lebende »spirituelle Soldaten« in den Wehrdienst zurückzuholen. Sie baten die Weisen, auf die Erde zurückzukehren, um Frieden zu lehren und ein Vorbild für die Menschen zu sein und sie daran zu erinnern, wie sie ihre inneren Kräfte anwenden können, um Harmonie zu kreieren.

Einige Weise stimmten einer Rückkehr auf die Erde nur zögernd zu. Als sie hier ankamen, spürten sie die dumpfe Schwere der sich verändernden Energie. Ein paar Weise – unfähig, dieses Klima auszuhalten – verließen die Erde sofort wieder, indem sie willentlich ihren eigenen Tod herbeiführten. Andere Weise stiegen zwar freiwillig zu einem Erdenleben hinab, doch fühlten sie sich deswegen depressiv und wütend.

Die am besten adjustierten Weisen waren diejenigen, die das Studium der erdgebundenen Spiritualität wieder aufnahmen – wie beispielsweise Astrologie, Wicca, kabbalistische Magie, Heidentum, Ritualmagie, Heilung mit Kristallen, Kräuterkunde, Anrufungen mit Kerzen, Schamanismus und Ähnliches.

Grethel sagt, dass einer der Gründe, warum sie glaubt, eine Reinkarnierte Hexe zu sein, der ist, dass »ich schon früh Interesse hatte für Anrufungen, Kräuter, Zauberstäbe, Rituale und alles, was dazugehört (Kerzen, Räucherwerk, Wasser etc.). Außerdem besaß ich als Kind einen ›imaginären Freund‹, der ein Zauberer war. Als ob das nicht genug war, so nannte mich meine Großtante auch noch immer ›Zauberin‹, als ich klein war.«

Mitglieder des Bereiches der Weisen haben viele Lebenszeiten damit verbracht, ihre spirituellen und magischen Fähigkeiten zu entwickeln. Sie sind versiert in den spirituellen Künsten des Manifestierens, der Alchemie und der Heilung. Sie kommen als hellsichtig begabte Kinder auf die Welt, die ihr Talent unter Umständen als einen Fluch sehen, vor allen Dingen wenn sie zukünftige »negative« Situationen voraussehen, die sich dann auch manifestieren. Die Kinder geben sich dann die Schuld daran, dass sie eine Katastrophe, die sie vorausgesehen haben, nicht verhindern konnten. Doch diese hellsichtigen Einblicke sind oftmals eine Gelegenheit für die Betreffenden, diesbezüglich zu beten. Falls sie hätten intervenieren sollen, wäre ihnen deutlich gesagt worden, was sie tun müssten, um die Situation zu verhindern.

Die Mehrzahl der Inkarnierten Weisen, die ich interviewt habe, hatten lebhafte Erinnerungen an vergangene Leben, in denen sie Hexen, Hexenmeister, Priesterinnen und Ähnliches waren. Die meisten von ihnen empfanden starke emotionale Reaktionen auf die Ära der »Hexenverbrennungen« und Inquisition, die zwischen dem vierzehnten und siebzehnten Jahrhundert an der Tagesordnung waren. Viele von ihnen haben deutliche oder fragmentierte Erinnerungen daran, verbrannt, gehängt oder auf eine andere grausame Art für ihre spirituellen Überzeugungen getötet worden zu sein. Sara zum Beispiel sagt dazu: »Ich erinnere mich daran, wie ich auf dem Scheiterhaufen verbrannt wurde, während die Menschen schrien und mich verfluchten. Ich erinnere mich, wie brutal ich gequält wurde.«

Die »Hexenverbrennungs-Hysterie« basierte auf einem Massen-Aberglauben, der besagte, dass alles Schlechte – von verdorbenen Ernten bis zu kranken Kindern – auf die Flüche einer Hexe zurückzuführen war. Es wurde beschlossen, dass die einzige Möglichkeit, dieses »Böse« zu vernichten, darin bestand, das Blut der Hexe zu verbrennen. Viele dieser Frauen wurden von ihren Nachbarn denunziert und von ihnen, der örtlichen Verwaltung und den Kirchen gejagt. In etwas menschlicheren Situationen wurden sie getötet, *bevor* sie an einen Pfahl gebunden und in Brand gesetzt wurden. Doch in Frankreich, Deutschland, der heutigen Schweiz und an der Ostküste der USA wurden die meisten Hexen bei lebendigem Leibe verbrannt.

Selbst diejenigen, die zwar gequält, jedoch nicht getötet wurden, haben bewusste Erinnerungen an diese furchtbare Zeit. Sie erinnern sich an die Angst, die sie vor den Inquisitoren hatten, den diversen Ritterorden, den Prozessen gegen die Katharer (die Katharer waren eine gnostische Glaubensgemeinschaft aus dem südlichen Frankreich des dreizehnten Jahrhunderts, die von der römischen Kirche satanischer Rituale angeklagt, verfolgt und ermordet wurden) und den anderen Variationen, in denen sich die Hexenjagd manifestierte. Die Drohung eines gewaltsamen Todes hing in diesen Jahrhunderten über jedem, der anders war als die Masse, und diese Erinnerung verursacht den Inkarnierten Weisen oft Unbehagen und Angst, wenn es darum geht, ihre spirituellen Fähigkeiten voll anzunehmen und zu entwickeln.

Diese alten Erinnerungen haben zur Folge, dass viele Weise ihre beachtlichen Kräfte bewusst zurückhalten und nicht anwenden wollen! Doch der Grund, warum sie beschlossen haben, zu dieser Zeit wieder auf die Erde zu kommen, ist der, dass sie diese spirituellen Werkzeuge benutzen und anderen Menschen beibringen wollen. Die Lebensaufgabe eines Inkarnierten Weisen beinhaltet die Wiederentdeckung seiner/ihrer hellsichtigen und spirituellen Heilungsfähigkeiten. Und da wir nur dann glücklich und erfüllt sein können, wenn wir an unserer Lebensaufgabe arbeiten, ist es für diese weisen Erden-Engel notwendig, sich zu öffnen und ihre geistigen Talente aufs Neue voll erblühen zu lassen.

Die Weisen haben eine besondere Affinität mit dem Königreich der Elementargeister und umgekehrt. Nicht nur spielen Feen, Elfen, Gnome etc. eine Rolle bei erdbezogenen spirituellen Praktiken, sondern zwischen den Elementaren und den Weisen haben sich schon seit jeher tiefe Freundschaften entwickelt. In längst vergangenen Zeiten waren sich die Leute der Segnungen bewusst, die ihnen durch die Zusammenarbeit mit dem Königreich der Elementaren zuteil wurden, doch fühlte sich die Kirche durch diese Macht außerhalb ihrer Mauern bedroht. Also wurde eine negative PR-Kampagne gegen Feen, Elfen und andere Elementargeister geführt. Bis zum heutigen Tag haben viele Menschen Angst vor den zauberhaften Elementargeistern.

Da die Elementaren sowohl in alten Zeiten als auch heute so eng mit den Weisen verbunden sind, glauben zuweilen einige Inkarnierte Elementare, dass sie aus dem Bereich der Weisen kommen. Das liegt an den gemeinsamen Erfahrungen und Erinnerungen dieser beiden Bereiche. Zum Beispiel erinnert sich ein weiblicher Inkarnierter Elementargeist an die Hexenverbrennungen – nicht weil sie selbst in den Flammen umkam, sondern weil sie sah, wie ihre Weisen Freundinnen verbrannt wurden. Es ist daher gut möglich, dass sie da etwas durcheinander bringt und glaubt, dass es sich bei diesen Erinnerungen um Bilder ihrer eigenen Verbrennung handelt.

Die Unterschiede zwischen den beiden Bereichen sind jedoch klar: Die Inkarnierten Weisen sind ernster und düsterer als die verspielten, zu allen möglichen Scherzen aufgelegten Inkarnierten Elementargeister. Die Weisen haben lange, ovale Gesichter und ziehen es vor, ihr Haar lang zu tragen (selbst wenn sie es aus beruflichen Gründen vorübergehend kurz schneiden müssen); während Inkarnierte Elementare runde Gesichter und meistens kurze Haare haben (außer die Inkarnierten Feen und Meerjungfrauen). Männliche Weise tragen ihr Haar oft in einem Pferdeschwanz zusammengebunden oder kämmen es mit Gel zurück. Die Schauspieler Della Reese, Angelica Huston, Jack Nicholson und Jimmy Smits sind Beispiele für die äußere Erscheinung und die Intensität der Mitglieder des Bereiches der Weisen.

Die Inkarnierten Weisen neigen dazu, sich exzentrisch oder romantisch zu kleiden und auf diese Weise der Liebslingsperiode ihrer vergangenen Inkarnationen Ausdruck zu geben. Weibliche Inkarnierte Weise ziehen lange, fließende »Göttinnen-Gewänder« in dunklen Farbtönen vor und tragen gerne Halsketten mit großen Kristallen. Männliche Weise kleiden sich am liebsten in aus Naturfasern gewebten Hemden oder in solche, die an den Stil der Renaissance erinnern. Oft sieht man an ihrem Hals Ketten mit spirituell bedeutungsvollen Anhängern, wie beispielsweise das keltische Kreuz oder Om-Insignien. Die Inkarnierten Weisen beiderlei Geschlechts gehen gerne in voller Kostümierung auf Mittealter-Märkte oder Historien-Festivals oder beteiligen sich in Mittelalter-Clubs, um so die Höhen und Tiefen ihrer vergangenen Inkarnationen wieder erleben zu können.

Die Inkarnierten Weisen haben Drachen, Zauberer und Göttinnen als ihre geistigen Führer. Sie sind besonders am Studium antiker Zeiten und Orte interessiert, die als mystisch bezeichnet werden können, wie zum Beispiel Avalon, Atlantis und Lemurien. Sie sammeln Statuen von Zauberern und lieben Bücher und Filme, in denen es um magische Themen geht, wie beispielsweise den *Herrn der Ringe*, die *Harry Potter*-Bücher und alles, was mit der Zeit von König Artus zu tun hat. Außerdem sind viele Inkarnierte Weise versierte Geschichtskenner.

Wie die Inkarnierte Hohepriesterin Marlies schrieb: »Ich liebe die griechische und ägyptische Mythologie. Ich kann mich ohne weiteres mit Isis in der ägyptischen Tradition identifizieren und ich liebe Pallas Athene – die griechische Göttin der Weisheit und des Krieges. Ich liebe ihre Geschichten und die Hilfe, die sie Odysseus gewährte. Mit großer Leidenschaft habe ich mich mit dem Studium des antiken Griechisch beschäftigt und ich fühle eine enge Beziehung zu allen Göttinnen des Olymps.«

Die Inkarnierten Weisen reagieren zudem höchst sensitiv auf die Mondphasen – sie werden sowohl physisch als auch emotional von den Voll- und Neumond-Zyklen beeinflusst. Sie beteiligen sich oft an »Vollmond-Zeremonien« und feiern die Frühjahrs- und Herbst-Tagundnachtgleiche.

Bei den Inkarnierten Weisen anzutreffende Muster

Bei den für dieses Buch interviewten Inkarnierten Weisen war keine deutlich abgegrenzte astrologische Zuordnung festzustellen. Interessanterweise kannte jedoch jeder der befragten Weisen sowohl sein astrologisches Sonnenzeichen als auch seinen Aszendenten und wusste, in welchem Zeichen sich sein Mond befand. Dies steht in starkem Kontrast zu den Mitgliedern der anderen Bereiche, die ich befragt habe, von denen die meisten weder ihr Sonnenzeichen und noch viel weniger ihr Mondzeichen wussten. Es steht außer Frage, dass die Weisen über Astrologie Bescheid wissen und sich ihrer gerne bedienen.

Ein hoher Prozentsatz der befragten Inkarnierten Weisen hatte in der Vergangenheit oder gegenwärtig Herz- und Kreislauf-Probleme. Herzklappenfehler, hoher Blutdruck, Tachykardie, Herzrhythmusstörungen und Herzinfarkte sind bei den Mitgliedern dieses Bereiches weit verbreitet. Könnte diese Tatsache mit dem Herzensleid dieser Erden-Engel zusammenhängen, das von ihrer Liebe zur Erde und den auf ihr lebenden Menschen herrührt und der potenziellen Zerstörung, die sie kommen sehen und vermeiden wollen? Oder handelt es sich um einen Restschmerz von den Hexenverfolgungen, bei denen das Blut der Weisen verbrannt und ihre Herzen auf Pfähle gespießt wurden?

Louise Hay sagt in ihrem Buch *Gesundheit für Kör-*

per und Seele, dass die metaphysische Bedeutung von Herzerkrankungen in »seit langem bestehenden emotionalen Problemen« zu suchen sind. Die Weisen haben im Laufe von Äonen ihrer Erdenleben viel emotionales Leid mit sich herumgetragen – Probleme, die tatsächlich lange bestehen! Andere Gründe für Herzprobleme schließen laut Louise Hay einen »Mangel an Freude, Verhärtung des Herzens und den Glauben an die Notwendigkeit von Anstrengung und Stress« ein.

Bei den Inkarnierten Weisen, die mir im Laufe der Jahre begegnet sind, handelt es sich um intensive Individuen und hart arbeitende Lehrer ihrer Mitmenschen. Sie lehren konstant, ohne Unterbrechung, oftmals ohne es selbst richtig zu bemerken, indem sie anderen Personen kurze, jedoch tiefgründige philosophische Ratschläge geben. Doch der Ausdruck in den Augen vieler Weisen beiderlei Geschlechts enthüllt oft Jahre der Enttäuschung bezüglich der Entwicklung ihrer Schüler. Ein Weiser sagte mir vor einiger Zeit: »Wenn die Leute nur meinen Rat annehmen würden, hätten sie ab sofort keine Probleme mehr. Ich bin nicht arrogant – ich *weiß einfach,* was ihnen helfen würde. Die meisten Menschen ignorieren jedoch meinen Rat und suhlen sich weiterhin in ihren Problemen.«

Da die Lebensaufgabe der Inkarnierten Weisen darin besteht, zu lehren und als Wegweiser zu fungieren, ist diese Frustration bezüglich ihrer Lebensaufgabe vielleicht ihr größtes Herzeleid.

Inkarnierte Weise und ihre Beziehungen

Die meisten Inkarnierten Weisen sehnen sich nach einer magischen und mystischen Vereinigung mit einem Seelengefährten. Oft fühlen sie die ungreifbare Präsenz einer gleich gestimmten Seele, die sie seit vielen Inkarnationen kennen. Dies führt zu einer Suche nach dem oder der Geliebten, und es ist durchaus möglich, dass der Weise beschließt, ohne Liebesbeziehungen zu leben, bis er seinen Seelenpartner gefunden hat. Oder schlimmer: Der Inkarnierte Weise ist vielleicht geneigt zu versuchen, sich mit einer unerfüllten Beziehung zufrieden zu geben.

Es ist gut möglich, dass die Inkarnierten Weisen in früheren Leben ein Keuschheitsgelübde abgelegt oder sich dem Zölibat verschrieben haben. Diese ungebrochenen Gelübde können ihnen bis in das gegenwärtige Leben folgen und unter Umständen viel Unheil anrichten. Die Inkarnierte Weise Audrey ist ein perfektes Beispiel dafür. Sie wusste, dass sie in früheren Inkarnationen sowohl Hexe als auch Nonne gewesen ist. Als Hexe hatte sie mit heidnischen Ritualen zu tun, in denen die Erde, die Natur und der menschliche Körper zelebriert wurden. Dazu gehörten auch Zeremonien, in denen Nacktheit und Sexualität eine Rolle spielten. Die herrschenden Mächte jener Zeit betrachteten diesen Fokus auf das Physische als ketzerisch und sie wurde auf dem Scheiterhaufen verbrannt. In ihrem nächsten Leben war Audrey eine Nonne und legte das Keuschheitsgelübde ab. Doch sie behielt ihre mystischen Interessen und Fähigkeiten. Auch in ihrem gegenwärtigen Leben beschäftigt sich Audrey mit Zaubersprüchen und weiß sehr gut, wie sie Dinge und Situationen manifestieren kann. Ihr bisheriges Liebesleben erschöpfte sich jedoch in einer sexlosen Beziehung mit einem impotenten Ehemann, der zu stolz war, sich medikamentös behandeln zu lassen oder Hilfe zur Behebung seiner sexuellen Schwierigkeiten zu suchen. Wir »brachen« ihr Keuschheitsgelübde, und sie war in der Lage, ihre Sexualität wieder zum Leben zu erwecken.

Die Inkarnierten Weisen sind daher bezüglich ihres Liebeslebens am besten beraten, ihre bemerkenswerten magischen Kräfte einzusetzen, um die Liebe zu manifestieren, die sie suchen. Selbst wenn ihr wahrer Geliebter momentan nicht auf der Erde inkarniert ist und sich zwischen zwei Lebenszeiten in der geistigen Welt befindet, können die Weisen mit der Kraft ihrer fokussierten Intention wunderbare, erfüllende Liebesbeziehungen manifestieren.

Die Inkarnierten Weisen fühlen sich am wohlsten, wenn sie Freunde haben, die sie respektieren und bewundern. Wenn dem nicht so ist, sind die Freunde der Weisen in der Regel ihre »Klienten«. Diese »Freundschaften« sind einseitiger Natur, wobei der Weise als Lehrer fungiert und der Freund als Schüler. In diesen Situationen bekommt der Inkarnierte Weise nie eine Chance, sich auf seine eigenen Schwierigkeiten zu konzentrieren, da er in der Rolle des starken, machtvollen Lehrers gefangen ist.

Den Vertretern dieses Bereiches der Erden-Engel wird oft vorgeworfen, neunmalklug zu sein und vorzugeben, alles zu wissen. Diese Anschuldigung hat tatsächlich einen wahren Kern, da die Inkarnierten Weisen Zugang haben zu dem allwissenden kollektiven Unbewussten. Außerdem sind sie äußerst hellsichtig. Linda, eine inkarnierte Zauberin, sagt: »In den meisten Fällen weiß ich, was jemand sagen will. Der Betreffende wird sauer auf mich, weil ich seinen angefangenen Satz zu Ende führe.«

Die Kinder der Inkarnierten Weisen neigen dazu, sie als zu kontrollierend anzuklagen – auch hier liegt der Grund wieder in dem zwanghaften Bedürfnis der Mitglieder dieses Bereiches, zu lehren und ihr Wissen weiterzugeben. Den Weisen ist es *unmöglich,* nicht zu lehren; sie können jedoch ihre Instruktionen mildern, sodass sie »schmackhafter« und leichter anzunehmen sind. Anstatt zu predigen, könnten sie beispielsweise eine Lernerfahrung kreieren, die gleichzeitig unterhaltsam und instruktiv ist.

So wie bei ihrem Liebesleben ist es für Weise ebenso wichtig, bewusste Visualisierung zu praktizieren, um glückliche, positive Beziehungen mit ihren Freunden und Familienmitgliedern herzustellen. Sie können diese bemerkenswerte Fähigkeit dazu benutzen, sich selbst umgeben von starken und liebevollen Freunden zu sehen, die *ihnen* helfen.

Wenn Sie also meinen, ein Inkarnierter Weiser zu sein, visualisieren Sie Ihre Kinder, wie sie Ihre Lehren schätzen und gerne annehmen. Machen Sie sich keine Gedanken darüber, auf welche Weise sich diese Visualisierung manifestieren wird. Machen Sie sich einfach nur bewusst, dass es geschehen wird. Und dann lassen Sie die Vision los und übergeben sie dem Universum, damit die himmlischen Mächte sie schnell und problemlos manifestieren können.

Die magischen Weisen

Als Inkarnierter Weiser (egal ob Mann oder Frau) sind Sie ein hoch erfahrener Magier, und falls Ihnen irgendein Aspekt Ihres Lebens momentan Schwierigkeiten bereitet, sollten Sie bei der Heilung dieses Bereiches eine aktive Rolle übernehmen. Wenn Sie passiv darauf warten, dass das Universum Ihre Schritte lenkt, werden Sie vielleicht feststellen, dass Sie sich um Ihre eigene Achse drehen und nirgendwohin kommen. Das liegt daran, dass Inkarnierte Weise wie Sie selbst Mit-Schöpfer sind und das Universum es vorzieht, auf die Formulierung Ihrer Wünsche zu warten und sie dann wie gewünscht zu erfüllen. Die Weisen wissen jedoch aus Erfahrung, dass nicht alles, worum man bittet, letzten Endes auch glücklich macht. Aus diesem Grund ist es durchaus klug, zuerst um geistige Führung zu bitten, damit Sie wissen, *um was Sie bitten sollen.*

Das Vertrauen in diese Fähigkeiten ist entscheidend, selbst wenn es begrenzt ist. Wenn sie um etwas bitten, jedoch gleichzeitig Angst haben, dass es nicht eintreffen wird, blockieren Sie damit die Manifestation des Gewünschten. Wenn nötig, können Sie den nötigen Glauben von einem Ihrer geistigen Führer »ausleihen«. Oder Sie können das Universum bitten, die Ängste zu beseitigen, die Ihrem hundertprozentigen Vertrauen im Wege stehen.

Vielleicht haben Sie, wie viele andere Inkarnierte Weise, in Ihren vergangenen Lebenszeiten als spiritueller Aspirant oder Schüler ein Gelübde abgelegt. Zu den am weitesten verbreiteten gehören Leidensgelübde, Gelübde zur Selbstaufopferung oder Vergeltung und solche, die zu Armut, Keuschheit, Unberührtheit, Zölibat, Gehorsam und Schweigen verpflichten. Bis diese Gelübde durchtrennt sind, werden sie Ihnen unter Umständen durch alle irdischen Inkarnationen folgen und zu Beschränkungen in Ihrem Liebes- und Sexualleben, Ihren Finanzen und Ihrem Leben im Allgemeinen führen. Niemand ist wirklich frei, bevor diese Gelübde aus vergangenen Inkarnationen aufgelöst sind. Die einzigen gesunden Gelübde sind jene, für die *Sie* sich entscheiden – jene, die Sie mit sich selbst machen. Und selbst dann sollten Sie sich diese Gelübde regelmäßig neu anschauen, um zu sehen, ob sie noch immer Gültigkeit haben.

Sie können diese Gelübde und ihre Wirkungen brechen, indem Sie deutlich affirmieren:

»Hiermit durchtrenne ich jegliche Gelübde
des Leidens, der Selbstaufopferung oder
Vergeltung, die ich vielleicht geleistet habe,
in alle Richtungen der Zeit, in Vergangenheit,
Gegenwart und Zukunft.
Ich mache alle negativen Wirkungen dieser Gelübde
rückgängig,
jetzt und für immer.«

Dann wiederholen Sie diese Affirmation für andere Gelübde (Armut, Zölibat etc.). Da diese Schwüre oft die Unterzeichnung eines Dokumentes mit Ihrem eigenen Blut beinhalteten, müssen Sie das Gelübde mit einer noch größeren Kraft brechen. Besonders machtvoll ist das Anzünden einer schwarzen Kerze (was immer hilft, Negativität loszulassen und festgefahrene Situationen zu lösen) und die Durchführung der Zeremonie während der Zeit des Vollmondes, die besonders gut zum Loslassen geeignet ist. Dann erheben Sie sich und stampfen mit Ihrem Fuß kräftig auf den Boden, während Sie laut die obige Affirmation sagen. Sagen Sie es wirklich so, dass Ihre ganze Leidenschaft dahinter steht!

* * *

Die Inkarnierten Weisen unter meinen Lesern sollten sich immer der Macht des gesprochenen Wortes bewusst sein! Schaffen Sie sich ein klares Bild von dem, was Sie sich wünschen und erreichen wollen, und dann befehlen Sie – durch Worte –, dass es geschehen möge. Sie sind ein Meister der Zaubersprüche, egal ob es sich um Ihre Ängste oder die Erfüllung Ihrer Herzenswünsche handelt. Das bedeutet, dass Sie problemlos sowohl nach dem Diktat Ihres Egos als auch nach den Anweisungen Ihres höheren Selbst sich selbst erfüllende Prophezeiungen kreieren können. Befehlen Sie Ihrem Ego zu schweigen und bringen Sie Ihr höheres Selbst dazu, die Lautstärke seiner Stimme zu erhöhen.

Während sich Ihre Manifestationen in greifbarer Form entfalten, heißen Sie sie mit offenen Armen willkommen. Viele Inkarnierte Weise stoßen die Manifestationen oft weg, aus Angst, sie nicht verdient zu haben. Doch vergessen Sie nicht, dass diese Manifestationen Werkzeuge sind, die Ihrer Lehraufgabe und Ihrer Fähigkeit zum Heilen dienen. Ihre Schüler und Klienten haben es verdient, Hilfe von einem Weisen zu erhalten, dessen materielle Bedürfnisse gestillt sind. Liebe Inkarnierte Weise, lassen Sie bitte ab sofort alle Gedanken von Mangel oder Armuts- bzw. Leidensgelübde hinter sich, denn sie sind weder notwendig noch in irgendeiner Weise bei der Erfüllung Ihrer Lebensaufgabe dienlich.

Mögliche Lebensaufgaben für Inkarnierte Weise

Als Inkarnierter Weiser sind Sie ein geborener Führer, und man bringt Ihnen aufgrund Ihres Charismas, Ihrer vertrauenswürdigen Ausstrahlung, der Art und Weise, wie Sie sich durch die Welt bewegen, und Ihrer persönlichen Macht Respekt entgegen. Die Menschen achten und bewundern Sie ganz automatisch, sind zuweilen sogar ein wenig eingeschüchtert von Ihrer Präsenz. Daher fühlen sie sich wohl unter Ihrer Führung.

Aufgrund Ihrer vielen Lebenszeiten spirituellen Lernens und Lehrens wird Ihnen wahrscheinlich eine Karriere als spiritueller Lehrer und/oder Heiler, Astrologe, Hellseher, Channeler oder Karten-Leser zusagen. Die meisten Inkarnierten Weisen, egal ob männlich oder weiblich, eignen sich weder sonderlich gut zum Angestellten noch lieben sie es, einem anderen zu folgen und dessen Anordnungen auszuführen. Vielmehr würden Sie einen ausgezeichneten Geschäftsführer oder Unternehmer abgeben, vor allem dann, wenn Sie Ihre organisatorischen Fähigkeiten mit Ihrem intuitiven Wissen darüber verbinden, wie eine Situation verbessert werden kann.

Jedoch würden Sie sich wie die meisten Weisen frustriert fühlen, wenn Sie mit einem unmotivierten Publikum oder Klienten arbeiten müssten, die nicht bereit sind, Ihren Rat anzunehmen.

Anleitung und Vorschläge für Inkarnierte Weise

- **Seien Sie sich der Macht Ihres Wortes bewusst.** Achten Sie aufmerksam auf Ihre Gedanken und Worte, um sicherzustellen, dass sie genau das reflektieren, was Sie wollen, und nicht das, wovor Sie sich fürchten. Sie manifestieren so schnell, dass Sie es sich nicht leisten können, über Ihre Ängste zu reden oder nachzudenken. Fokussieren Sie Ihre ganze Energie auf die Manifestierung Ihrer Wünsche und Lebensaufgabe.

• **Ehren Sie Ihre Vergangenheit.** Gönnen Sie sich ein paar Regressionssitzungen, um restliche Emotionen aus früheren Inkarnationen zu klären, die Sie unter Umständen heute zurückhalten. Lesen Sie Bücher und schauen Sie sich Filme an, die etwas mit den Themen Ihrer vergangenen Inkarnationen zu tun haben.

• **Seien Sie sich der Macht Ihres Zorns bewusst.** Wenn ein Inkarnierter Weiser, ob Mann oder Frau, einem anderen Menschen unkontrolliert seinen Zorn entgegenschleudert, ist das wie ein Fluch. Setzen Sie Ihre Macht vorsichtig ein und überlegen Sie zweimal, ob Sie jemanden verfluchen, da ein solches Vorgehen sowohl andere Menschen verletzen als auch zu Ihnen zurückkehren kann, um Sie zu verfolgen.

• **Lehren Sie das, was Ihnen wichtig ist.** Sie lehren stets durch Ihr Beispiel. Ein Grund, nach Möglichkeit immer von der Ebene Ihres höheren Selbst zu handeln, ist der, dass Sie andere Menschen damit inspirieren können. Sie haben sich bereit erklärt, auf die Erde zu kommen, um anderen ihr menschliches Potenzial zu zeigen; daher ist es von Wichtigkeit, dies auch in Ihrem eigenen Leben zum Ausdruck zu bringen.

• **Vergessen Sie nicht, zu lachen und Spaß zu haben.** Wenn Sie auch eine lebenswichtige Mission haben, so ist es dennoch wichtig, regelmäßige Dosierungen von Verspieltheit und Spaß in Ihr Leben zu injizieren. Ihre Mission braucht Ernsthaftigkeit, nicht trockenen Ernst und damit einhergehende Schwere. Auch Lachen hilft Ihnen, jedwedes Herzeleid zu heilen, unter dem Sie in diesem oder einem vergangenen Leben gelitten haben.

Achtes Kapitel

Wenn Sie das Gefühl haben, in mehr als eine Kategorie zu passen …

Ungefähr zehn Prozent meiner Seminarteilnehmer, die die Beschreibung der einzelnen Erden-Engel-Bereiche hören, sagen mir: »Ich habe das Gefühl, in mehr als eine Kategorie zu passen!« Diese Erden-Engel wissen, dass sie Lichtarbeiter sind, doch sind sie sich über ihren speziellen Bereich im Unklaren. Im Folgenden einige Aspekte, die Ihnen vielleicht bei der Klärung behilflich sein können:

1. Energie: Stimmen Sie sich auf Ihren allgemeinen »Energie-Blueprint« ein

Die Energie eines:	ist:
Inkarnierten Engels	sanft und liebevoll.
Inkarnierten Elementaren	warmherzig und verspielt.

Sternen-Menschen	hilfreich und distanziert.
Inkarnierten Weisen	ernsthaft, intensiv und majestätisch.

2. Physische Erscheinung

Menschen aus diesem Bereich:	weisen diese physischen Eigenschaften auf:
Inkarnierte Engel	schöne oder engelsgleiche Gesichter und üppige Körper
Inkarnierte Elementare	sehen aus wie größere Versionen von Feen, Elfen, Wassergeistern, Meerjungfrauen, Gnomen etc.
Sternen-Menschen	sind hoch gewachsen und schlank bis schlaksig – oder kleiner, mit dünnen oder üppigen Körpern. Sie haben ungewöhnliche Augen und Gesichtszüge. Sie kleiden sich unauffällig und die weiblichen Sternen-Menschen tragen nur wenig Make-up.

Inkarnierte Weise	lange, schmale Gesichter, mit Augen, deren Blick in weite Fernen zu schweifen scheint. Sie tragen am liebsten Hemden und fließende Kleider in dunklen Farben – und sowohl Männer wie Frauen tragen ihr Haar gerne lang.

3. Interessen

Menschen in diesem Bereich:	fokussieren sich auf:
Inkarnierte Engel	Heilen und Dienst am Nächsten; die Aufrechterhaltung friedvoller, glücklicher Beziehungen.
Inkarnierte Elementare	Unterrichten, Unterhaltung, alle Arten künstlerischer Betätigung sowie Umweltschutz.
Sternen-Menschen	Energieheilung, vor allem Reiki; überall zu helfen, wo es nötig ist.

Inkarnierte Weise	Lehren und die Ausübung mystischer, übersinnlicher und erdgebundener spiritueller Praktiken.

Eine Anmerkung bezüglich Walk-Ins

Sie werden feststellen, dass der Bereich der Walk-Ins auf der obigen Liste fehlt. Das liegt daran, dass die Eigenschaften eines Walk-Ins sowohl von der Ebene abhängen, von der der Körper des Betreffenden stammt, als auch von dessen Seele. Viele Walk-Ins sind »Mischlinge«. Sie könnten zum Beispiel den Körper eines Inkarnierten Elementaren haben (da die Seele, die den Körper verlassen hat, ein Inkarnierter Elementargeist war) und die Seele eines Sternen-Menschen. Da Ihre Seele das Gehirn und den Körper des anderen Bereiches geerbt hat, würden Sie Einflüsse aus beiden Bereichen spüren und die entsprechenden Eigenschaften aufweisen.

Dies bedeutet, dass Sie in drei Kategorien passen: in den Bereich der Walk-Ins; in den Bereich, aus dem Ihr Körper stammt; und in den Bereich Ihrer Seele. Sie sind gut beraten, sich die Informationen und Anleitungen für alle drei Bereiche anzuschauen. Es ist möglich, dass Sie sich zeitweise sehr verwirrt und von anderen Menschen getrennt fühlen. Halten Sie jedoch Ihren hauptsächlichen Fokus auf Ihre Mission gerichtet und machen Sie sich bewusst, dass alles andere nur mehr oder weniger unwichtige Details sind.

*Die in der Evolution begriffene Seele und der »Dabbler«**

Falls Sie noch immer nicht wissen, aus welchem Bereich Sie kommen, oder falls Ihre Antworten auf das Quiz im zweiten Kapitel nicht eindeutig waren, sind Sie unter Umständen eine »in der Evolution begriffene Seele« bzw. ein »Dabbler«. Das bedeutet, dass Sie entweder von einem Bereich in den nächsten übergehen oder aus Gründen der Vielfalt und des Wachstums durch die verschiedenen Ebenen springen.

- **Die in der Entwicklung begriffene Seele:** Falls Sie eine sich entwickelnde Seele sind, bewegen Sie sich vermutlich von einem Bereich in den nächsten, was unter Umständen zur Folge hat, dass Sie sich nicht mit einer bestimmten Gruppe identifizieren können. Vielleicht haben Sie viele Inkarnationen in einem bestimmten Bereich verbracht und alles gelernt, was Sie dort lernen konnten, und beschließen daher, einen neuen Bereich zu betreten. Sie identifizieren sich weder völlig mit der Gruppe, die Sie gerade verlassen haben, noch mit der, der Sie sich jetzt zugesellen.

Falls Sie sich in diesem Szenario wiedererkennen, sollten Sie sich selbst genug Zeit geben, sich an die neue Gruppe zu gewöhnen, und sich nicht so streng dafür verurteilen, dass Sie sich irgendwie verwirrt

* jemand, der sich noch nicht für einen Bereich entschieden hat – Anmerkung d. Übers.

und nicht hundertprozentig zugehörig fühlen. Erden-Engel in der Kategorie der in der Entwicklung begriffenen Seelen können sich doppelt fremd fühlen – nicht nur empfinden Sie sich als von den Menschen getrennt, sondern auch von den anderen Erden-Engeln! Das kann dazu führen, dass Sie sich wie ein Kind fühlen, das als letztes für ein Handballteam ausgewählt wird: eigentlich unerwünscht und von den anderen Mitspielern nicht geschätzt. Machen Sie sich bewusst, dass es sich hierbei um vorübergehende Gefühle handelt, und beten sie um spirituelle Hilfe, damit Ihnen klar wird, dass Sie nicht alleine sind, sondern vielmehr *erwünscht und geschätzt*. Schließlich haben Sie großen Mut bewiesen, indem Sie sich in einen neuen Bereich begaben – ein Schritt, den Sie wahrscheinlich aufgrund der edlen Intention vorgenommen haben, der Welt ganz besonders effektiv dienen zu können!

- **Der »Dabbler« bzw. Unentschiedene:** Einige Seelen sehnen sich nach Vielfalt, Aufregung und einem besonderen Erfahrungsreichtum. Falls Sie ein Dabbler sind, können Sie sich wie ein »Kind im Bonbonladen« nicht entscheiden, was Sie wollen, also probieren Sie alles aus, was auf der Speisekarte steht. Die Dabblers sind Erden-Engel, die von einem Bereich in den nächsten wechseln. Sie lassen sich nie ganz in einer bestimmten Gruppe nieder. Stattdessen kosten sie von den Höhepunkten, die jeder Bereich zu bieten hat. Gleichzeitig bringen sie Fähigkeiten und Talente in jeden Bereich mit, die sie durch die in anderen Erden-Engel-Bereichen gelernten Lektionen erworben haben. Dabblers gewöhnen sich schnell an neue Situationen und Menschen, ähnlich Kindern, die oft umziehen und immer neue Schulen besuchen und auf diese Weise die Fähigkeit entwickeln, sich schnell anzupassen.

Wenn Sie eine in der Entwicklung begriffene Seele oder ein Dabbler sind, kann man Sie mit einer Biene vergleichen, die von einer Blume zur anderen fliegt, und von jedem Bereich nehmen Sie etwas mit in den nächsten. Sie bieten wertvolle Dienste an, da Sie die verschiedenen Bereiche sozusagen mit »frischem Blut« versorgen, mit neuen Ideen und einer neu erwachten Vitalität.

Außerdem könnten sie von einer neuen Ebene stammen, die bis jetzt noch nicht entdeckt wurde. Während sich die Welt immer mehr vor unseren Augen entfaltet, stellen sich immer neue Aufgaben, die erfüllt werden müssen. Und falls Sie eine der Seelen sind, die diese neuen Aufgaben initiieren, möge Gott Sie für Ihre Dienste segnen!

Mögliche Lebensaufgaben für in der Entwicklung begriffene Seelen und Dabbler

Sich entwickelnde Seelen und Dabbler teilen sich in zwei deutlich unterschiedliche Gruppen auf: die Unabhängigen Denker und die Anpassungsbereiten.

Unabhängige Denker sind tatkräftige Individuen und radikale Nonkonformisten, die stolz darauf sind, Außenseiter zu sein. Sie glauben, dass »Normalität« das gleiche bedeutet wie ein lebenslanges Urteil zur Mittelmäßigkeit. Unabhängige Denker sind die Helden in Situationen, wo es um Menschenrechte und Umweltschutz geht – es sei denn, die Situationen sind zu populär. Unabhängige Denker schätzen es nicht, »trendy« zu sein, sondern sehnen sich nach ihrer eigenen einzigartigen Nische außerhalb der Masse.

Es überrascht daher nicht, dass Unabhängige Denker am besten für eine selbständige Tätigkeit im Bereich der Kunst oder schöpferischen Gestaltung geeignet sind. Sie mögen weder Systeme noch Regeln oder Richtlinien äußerer »Autoritäten«. Malen, Zeichnen, handwerkliche Tätigkeiten, das Verlagswesen, Schreiben oder Fotografieren wären ideale Berufe für einen Unabhängigen Denker

Dabbler lieben jede Art von Karriere, die ihnen Aufregung und eine Gelegenheit zum Lernen bietet. Sie eignen sich wesentlich besser für Öffentlichkeitsarbeit und Teamwork als die Unabhängigen Denker. Die Reiseindustrie bietet hervorragende Karrieremöglichkeiten für diese unentschiedenen, tapferen Seelen (zum Beispiel als Reiseführer oder auf Kreuzfahrtschiffen); auch als Künstler-Agenten oder »Scouts« (Personen, die die Träume anderer wahr machen) leisten sie gute Arbeit; zudem in jeder Art von Verkaufstätigkeit, bei der es um ein Produkt oder einen Service geht, an den der Dabbler wirklich glaubt.

Anleitung und Vorschläge für eine sich entwickelnde Seele bzw. Dabbler

- **Respektieren Sie Ihre Entscheidung zur Unabhängigkeit.** Seelen in diesem Nicht-Bereich sind in der Regel Nonkonformisten und Aufwiegler. Die Erde braucht Ihre Kraft und Stärke gerade in diesen Zeiten ganz besonders, daher verwässern Sie Ihre Kraft bitte nicht, indem Sie versuchen, zu einer bestimmten Gruppe zu gehören (es sei denn, Sie fühlen sich ganz natürlich von einem der Bereiche angezogen).

- Lehren Sie Freiheit. Zu viele Menschen lassen es zu, von den herrschenden Autoritäten kontrolliert zu werden. Durch Ihre Weigerung, sich anzupassen oder festlegen zu lassen, lehren Sie andere Menschen, dass es auch Alternativen gibt.

  Je mehr Sie tun können, um persönliches Glück und Frieden zu erreichen, desto effektiver werden Ihre Lehren sein. Vergessen Sie nie, dass Sie in erster Linie durch Ihr Beispiel lehren – die formalen Lehrgelegenheiten werden sich zeigen, wenn Sie so weit sind.

- Manifestieren, manifestieren, manifestieren. Da Sie die Tendenz haben, außerhalb etablierter Systeme zu arbeiten, müssen Sie sich auf Ihre persönliche Manifestationskraft verlassen, um Ihre materiellen Bedürfnisse zu erfüllen.

Machen Sie sich immer wieder bewusst, dass alles, was Sie sagen und denken, Ihre Zukunft kreiert. Daher denken Sie stets an das, was Sie sich wünschen, und nicht an das, wovor Sie Angst haben.

Nachwort

Wir zählen auf Sie!

Erden-Engel, vielen Dank, dass du in dieser Zeit auf die Erde gekommen bist. Mit deiner wunderbaren und liebevollen Energie hilfst du uns, indem du einfach hier bist! Und dennoch – und es ist dir wohl bewusst – hast du dich bereit erklärt, wichtige Aufgaben zu übernehmen. Du hast beschlossen, zu einem besonders kritischen Zeitpunkt in der Geschichte dieses Planeten hierher zu kommen und deine natürlichen Talente und Fähigkeiten, kombiniert mit harmonischen Aktionen, zu nutzen.

Wenn die Menschen auf der Erde nicht eine andere Herangehensweise an die Umwelt und ein positiveres Verhalten im Umgang miteinander entwickeln, besteht die Möglichkeit, dass das Leben, so wie wir es kennen, nicht weitergeht. Ihr seid hier, um Alternativen zu lehren. Du wirst wissen, was du lehren musst, indem du feststellst, welches Thema deine Leidenschaft mobilisiert, dein Engagement, deine Bedenken oder deinen Zorn. Vielleicht bist du zum Beispiel hier, um zu lehren, wie wir unsere materiellen Bedürfnisse manifestieren können, damit wir nicht konkurrieren, einander bestehlen oder in den Krieg ziehen müssen, um unseren Anteil zu bekommen. Oder vielleicht bist du hier, um über den lebensnotwendigen Schutz unserer Luft, unseres Wassers und der Qualität des Erdbodens zu lehren. Oder du magst dich dazu verpflichtet haben, gesündere Wege zu lehren, wie wir unsere Kinder aufwachsen lassen und erziehen können. Es gibt Hunderte lebenswichtiger Themen, die gerade in dieser Zeit gelehrt werden müssen.

Wie werden Sie Ihre Lehraufgabe erfüllen? Auf jede Weise, die Ihnen möglich ist – zum Beispiel, indem Sie ein Vorbild sind oder Bücher und Artikel schreiben, Briefe an Herausgeber von Zeitungen und Büchern schicken, sich eine Beschäftigung innerhalb des Erziehungswesens oder der Regierung suchen und/oder indem Sie Vorträge halten oder sich in den Medien Gehör verschaffen.

Eines ist klar: Wir brauchen Erden-Engel, die bereit sind, führende Positionen einzunehmen. Alte Systeme, denen es an Integrität mangelt, sind in der Auflösung begriffen, wie beispielsweise Unternehmen und Kirchen mit einer beschämenden Vergangenheit von Misswirtschaft und Ausbeutung. Die neue Energie wird nicht mehr länger dunkle Energie unterstützen oder verbergen. Die Dunkelheit innerhalb des Erziehungswesens, der Regierungen und juristischen Systeme wird dazu führen, dass auch diese Einrichtungen ins Wanken geraten. Im Laufe dieser bahnbrechenden Veränderungen können Erden-Engel-Führer (so wie Sie) die Menschen von der Panik und dem Pessimismus weg- und hin zu dem Fokus führen, der es ermöglicht, dass das Alte durch etwas Neues, Besseres ersetzt wird.

Wir alle zählen auf Sie, dass Sie die Zügel Ihrer Lebensaufgabe fest in die Hände nehmen und sie sich rückhaltlos zu Eigen machen. Jeder Schritt, den Sie diesbezüglich nehmen, hilft den Menschen und der Erde und ist gerade jetzt bitter nötig … vorausgesetzt er basiert auf Ihrer Intention, zu helfen. Bitte zögern Sie nicht, den nächsten Schritt nach vorne zu machen; warten Sie bitte nicht, um herauszufinden, worin genau Ihre Mission besteht, was Ihr nächster Schritt sein soll; und warten Sie auch nicht darauf, eine hieb- und stichfeste Garantie zu bekommen, dass Sie mit Ihren Bemühungen Erfolg haben werden. Alles, was Sie tun und was der Liebe in Ihrem Herzen entspringt, wird anderen Wesen helfen, vergleichbar den kleinen Geldgaben, die einer würdigen Sache gegeben werden und sich schließlich zu einem großen Betrag ansammeln. Fangen Sie einfach irgendwo an – stürzen Sie sich einfach Hals über Kopf hinein ins Abenteuer Ihrer Lebensaufgabe!

Und während Sie Ihren Weg gehen, achten Sie bitte gut auf Ihren physischen Körper. Er ist ein sehr wichtiges Instrument bei Ihrer Mission. Viele Erden-Engel wie Sie selbst haben jedoch noch nie zuvor einen physischen Körper gehabt, was bedeutet, dass Sie ihn vielleicht vernachlässigen oder schlecht behandeln. Indem Sie ihn mit biologischen Nahrungsmitteln und Getränken versorgen, regelmäßig trainieren und sich ausreichend Ruhe gönnen, werden

Sie mehr Kraft für die Erfüllung Ihrer Lebensaufgabe haben.

Vor einigen Jahren fühlte sich ein sehr einflussreicher Erden-Engel namens Louise L. Hay (die ich schon mehrmals in diesem Buch erwähnt habe) angeleitet, über ihre Einsichten in die Verbindung zwischen physischen Krankheiten und Beschwerden und den ihnen zugrunde liegenden Gedankenformen zu schreiben. Doch kein einziger Verlag war bereit, ihr Material zu drucken! Anstatt aufzugeben, tippte sie einfach selbst mehrere Kopien des Manuskriptes und heftete sie zusammen. Dann fühlte sie den inneren Drang, Seminare zu diesem Thema zu geben. Zunächst kamen nur zwei oder drei Leute zu ihren Vorträgen. Heute hat dieses Manuskript – *Heile Deinen Körper* – unzähligen Menschen geholfen und ist die Basis für ihr Buch, das ein Welterfolg wurde und wochenlang auf der *New York Times*-Bestsellerliste stand. Ihr zweites Buch *Gesundheit für Körper und Seele* ist weltweit 30 Millionen Mal verkauft worden. Und wenn Louise heute einen Vortrag gibt, kommen Tausende von Menschen, um ihr zuzuhören!

Sind Sie nicht froh, dass Louise sich hinsichtlich ihrer Lebensaufgabe nicht hat entmutigen lassen? Sind Sie nicht dankbar dafür, dass sie unermüdlich an ihrer Mission festgehalten hat? Es gibt Dutzende ähnlicher Geschichten von Menschen, die geholfen haben, die Welt zu einem besseren Ort zu machen, und deren Anfänge sehr bescheiden waren.

* * *

Ihr Ego hat seine Wurzeln in der Angst, während Ihr wahres Selbst eine Kreation der Liebe ist. Die Ziele Ihres Egos bestehen darin, Ihnen das Gefühl zu vermitteln, klein, inadäquat und machtlos zu sein. Doch wie kann ein Wesen, das als Ebenbild des Schöpfers kreiert wurde, irgendetwas anderes sein als stark, machtvoll und weise?

Ihr Ego weiß, dass es seine Macht, Sie zu ängstigen, verlieren wird, wenn Sie sich Ihrer wahren geistigen Natur und Herkunft (perfekt, machtvoll, kreativ und intelligent) erinnern, also füttert es Sie mit Lügen wie: »Wenn du Macht gewinnst, wirst du diese Macht missbrauchen. Die Leute werden dich nicht mehr mögen und eifersüchtig auf dich sein.« Und so weiter. Ich bitte Sie inständig, hören Sie nicht auf das Ego! Befehlen Sie ihm, seine Tiraden für sich zu behalten. Behandeln Sie es wie eine störende Fliege und versagen Sie ihm Ihre Aufmerksamkeit.

Vergessen Sie nicht: Je wichtiger die Aufgabe, desto größer die Angst; hier gibt es einen Zusammenhang. Je mehr Menschen Sie potenziell helfen werden, desto mehr Zwang wird Ihr Ego ausüben, um Sie zurückzuhalten. Ihr Ego drängt Sie dazu, Ihre Mission immer wieder hinauszuzögern, indem es Sie auffordert, sich vorzubereiten anstatt wirklich tätig zu werden. Ihr Ego sagt: »Zuerst musst du abnehmen, mehr Geld verdienen, heiraten, dich scheiden lassen, umziehen, einen akademischen Titel erlangen, ein Buch veröffentlichen, ein Heilungszentrum eröffnen und so weiter … und *dann* wirst du in der Lage sein, der Welt zu helfen.« Was für ein Quatsch!

Lieber Erden-Engel, jetzt, in diesem Augenblick, sind Sie bereit für Ihre Aufgabe! Es wird nie einen perfekteren Tag geben als den heutigen, mit der Arbeit zu beginnen! Selbst wenn Sie sich unqualifiziert oder nicht ausreichend vorbereitet fühlen, tun Sie es trotzdem! Der Autor Sheldon Kopp schrieb einmal: »Ich habe nie ein wichtiges Unterfangen begonnen, für das ich mich adäquat vorbereitet gefühlt habe.« Mit anderen Worten: Sie werden wahrscheinlich nie das Gefühl haben, total bereit zu sein für Ihre Mission, also ist es völlig sinnlos, noch länger zu warten.

Bitten Sie Ihre geistigen Führer um tägliche Aufgaben, die Ihnen zeigen, was Sie tun können, damit die Erde eine sauberere und friedlichere Umwelt wird. Ihre Gebete werden in Form von Gelegenheiten beantwortet werden, die sich Ihnen bieten, damit Sie lehrend und heilend tätig werden können. Während sich diese Türen für Sie öffnen, wenden Sie sich bitte nicht ab und laufen Sie nicht davon. Sie *sind* bereit. Sie *verdienen* es, diese wunderbare Arbeit zu tun. Und *Sie sind* qualifiziert … jetzt, in diesem Augenblick!

* * *

Ressourcen für Erden-Engel

Bücher für Inkarnierte Engel

Meines Wissens gibt es keine Bücher über Inkarnierte Engel (außer dem, das Sie in der Hand halten); nachstehend finden Sie jedoch einige Bücher, die Ihnen helfen können, wenn Sie zu diesem Bereich der Erden-Engel gehören [*leider konnten wir, bis auf das Feen-Buch von Doreen Virtue, keine lieferbaren deutschen Ausgaben dieser Bücher finden; Anm. d. Übers.*]:

The Assertive Woman, von Stanlee Phelps und Nancy Austin
(Impact Publishers, 1997)

When I Say No, I Feel Guilty, von Manuel J. Smith, Ph. d.
(Bantam Books, 1975)

Your Perfect Right: Assertiveness and Equality in Your Life and Relationships, von Robert E. Alberti und Michael L. Emmons
(Impact Publishers, 2001)

Bücher für und über Inkarnierte Elementare

Summer with the Leprechaun: A True Story, von Tanis Helliwell
(Blue Dolphin Publishing, 1997)

Healing with the Fairies, von Doreen Virtue
(Hay House, 2001, Deutsche Ausgabe: Die Heilkraft der Feen, Ullstein, 2004)

Bücher über Walk-Ins

Strangers Among Us, von Ruth Montgomery
(Fawcett Publishing, 1984)

Walk-Ins/ Soul Exchange, von Karyn K. Mitchell, N.D., Ph.D.
(Mind Rivers, 1999)

Welcome to Planet Earth: A Guide for Walk-Ins and Starseeds, von Hannah Beaconsfield
(Light Technology Publishing, 1997)

Bücher über Sternen-Menschen

Aliens Among Us, von Ruth Montgomery
(Fawcet Publishing, 1986)

E.T. 101: The Cosmic Instruction Manual, von Zoev Jho und Diana Luppi
(Intergalactic Council Publications, 1990)

Keepers of the Garden, von Dolores Cannon
(Ozark Mountain Publishing, 1993)

Star People, von Brad & Francie Steiger
(Berkley Publishing Group, 1986)

Starborn, von Brad Steiger & Sherry Hansen Steiger
(Berkley Publishing Group, 1992)

From Elsewhere: Being E.T. in America, von Scott Mandelker
(Bantam Books, 1996)

Universal Vision: Soul Evolution and the Cosmic Plan, von Scott Mandelker
(U.V. Way Publishing, 2000)

Website-Gemeinde für Sternen-Menschen
Diese Website stellt einen Chat-Room und Informationen über das Dasein eines »Wanderers« zur Verfügung und ist eine ausgezeichnete visuelle Hilfsgruppe für Sternen-Menschen: **www.alienation.com.**